MONEY

FOR YOUR GLORIOUS LIFE.

決定版

人生を変える、お金の使い方。

千田琢哉

Gakken

Prologue

お金は、勉強と環境に使おう。

私はこれまで、3000人以上のエグゼクティブ、そして1万人以上のビジネスパーソンと対話を繰り返し、彼らの仕事ぶりと、その後にどうやって成功を手に入れたかを観察してきた。

それらの経験を踏まえて、断言できることがある。


人生を大きく変えて飛躍した長期的な成功者たちは、一人の例外もなく、お金を勉強と環境に使っていた。


それも惜しみなく、徹底的に使っていた。

もちろん成功の初期段階では、物欲が先走って、高級品を買い漁《あさ》ったり、豪邸を建てたりする人たちもたくさんいた。

そして物欲が満たされてしばらくすると、仕事そっちのけで、株、先物取引、外貨や不動産などの投資にハマる姿も数多く目撃してきた。

そうして物欲に溺れ、投資でしくじった損失を取り返そうと躍起になっていた人は、短期的な成功者として人生を終え、見るも無残に落ちぶれてしまった。
彼らの束《つか》の間の成功は、あらかじめ落ちぶれるため用意されていたかのようだった。

だがその一方で、長期的に成功している人たちは違った。

長期的な成功者は、成功して数年以内に、不要な贅沢《ぜいたく》をしたり、無謀な投資にお金を使うことをやめて、勉強と環境にお金を使い始めたのである。

ここで言う勉強とは、本業に関する専門分野はもちろんだが、専門以外の教養全般を学ぶことも含まれている。
またここで言う環境とは、住環境はもちろんだが、時間や人間関係といった環境の精度を高めていくことも含まれている。

もちろん、私も彼らを見習って、勉強と環境にはお金を惜しまなかった。

大学時代に作家の道を志した私は、在学中の4年間に1万冊の本を読破したが、その購入費として1000万円の資金を投じた。

膨大な読書体験から深い教養が蓄積され、それが創作の源泉となったことは言うまでもない。

卒業後、損害保険会社本部、大手経営コンサルティング会社勤務という、2つのサラリーマン時代を経て独立した私は、東京・南青山の書斎という創作に最適の環境を手に入れて、本格的に執筆を開始した。

第1作の執筆を開始してから15年が経ち、おかげさまで現在、著作数は文庫版・海外翻訳版等を含め240冊以上となり、累計発行部数は350万部を突破している。

すべて、私が20代から勉強と環境に資金を投じた結果だと考えている。

勉強こそが、人生最大の投資である。

そして、勉強が最高にはかどる環境を創り出すことができさえすれば、実力、時間、人脈、さらには最も大切な愛情までも手に入り、あなたの人生は最大化する。

最高の環境で大好きな勉強をしていると、放っておいても、お金が無尽蔵《むじんぞう》に集まってくるのである。

本書でこれから、人生が最大化するお金の使い方について具体的に教えていこう。
それらを実践すれば、知識は最高の投資となり、お金に形を変えて、まるでブーメランのようにあなたの元へ還《かえ》ってくるだろう。
さあ、次はあなたの番だ。

南青山の書斎から　千田琢哉

カバーデザイン／井上新八

本書は２０１８年9月刊行の書籍『人生を変える、お金の使い方。』の内容を改訂し、一部内容を加筆して新たに刊行するものです。

人生を変える、
お金の使い方。

CONTENTS

CHAPTER 1

お金は、ブーメランである。

01 お金を使うということは、ブーメランを投げる行為である。 016
02 日々、無数のブーメランが投げられている。 020
03 どうせ投げるなら、ブーメランは愛を込めて投げる。 024
04 道楽息子には、「身を滅ぼすタイプ」と「より成功させるタイプ」がいる。 028
05 棚ボタとは、先行投資の忘れものか、神様からの先行投資のどちらかだ。 032
06 戻ってきたブーメランには、必ず人脈と人望の増減が生じている。 036
07 損をした原因は、自分自身にある。 040
08 迷ったら、形のないものにお金を使う。 044
09 本気で大物を狙うなら、絶対に焦らないこと。 048

CHAPTER 2

仕事を最大化する、お金の使い方。

10 大富豪が自家用ジェット機を所有するのは、エンドレスで商談できるから。 056
11 最初から大金を払わない。 060
12 あえて断るつもりで商談に臨むと、主導権を握りやすくなる。 064
13 防音・耐震・セキュリティがしっかりした環境だと、集中できる。 068
14 本業で一流の人から徹底的に学ぶ。 072
15 本業以外でも、一流の人から徹底的に学ぼう。 076
16 最初は専門分野を集中して学び、次第に専門分野以外に拡げる。 080
17 会社の経費だけではなく、自腹でも学ぶ。 084
18 会社の利益が出たら、会社で豪遊するのではなく、お客様に還元する。 088
19 非礼があったら、菓子折りより仕事を発注させていただく。 092
20 「お金の問題じゃない！」と叫んでいる相手は、お金で静かになる。 096
21 資本主義というゲームでは、ある水準を超えると落ちにくくなる。 100

CHAPTER 3

時間を最大化する、お金の使い方。

22 移動中は勉強ができるように工夫を凝らす。……108
23 特別座席料金は、快適さの保険料である。……112
24 職住近接、職住一致を実現させると、収入がアップする。……116
25 二流ホテルのセミスイートより、一流ホテルのデラックスルーム。……120
26 時計はやっぱり、アナログがいい。……124
27 「このラインを超えたら断る」と決めておくと、無駄な時間が削減できる。……128
28 長期的なお付き合いをしたい相手には、10年後にばれる嘘をつかない。……132
29 移動手段は、臨機応変に使い分ける。……136

CHAPTER 4

人間関係を最大化する、お金の使い方。

30 「この人においしいものを食べさせてあげたい」と感じない相手から買わない。……142

31 ものをプレゼントするより、知恵をプレゼントする。 146
32 いい顔をして、与え過ぎてはいけない。 150
33 最初は分け前の上限ではなく、下限を教えておく。 154
34 いつも得をしなければ気が済まない人は、そのたびに人望を失っている。 158
35 「ラクに儲かるおいしい話」を運んできた人とは、二度と会わない。 162
36 圧倒的実力をつけて、あえて少し負けてあげる。 166
37 金銭トラブルを起こした相手とは、絶縁しろという啓示である。 170
38 お金を請求するのは、良い緊張感を途切れさせないため。 174

CHAPTER 5

恋愛を最大化する、お金の使い方。

39 無理に高価なものをプレゼントすると、それが別れのきっかけになりやすい。 180
40 プレゼントは値段よりも頻度、そして頻度よりもストーリーで決まる。 184
41 容姿にコンプレックスがあるなら、さっさと美容整形してしまう。 188

42 生涯楽しんで継続できる、あなた〝ならでは〟の美容法を発掘する。……192
43 お洒落に自信がないなら、その道のプロに同行してもらい服を選んでもらう。……196
44 一流の異性に出逢いたければ、結局は頭脳が決定打になる。……200
45 お金を使って教養を身につけるのは、大切な人と知恵を分かち合うため。……204
46 歳を重ねても寄り添い続けたければ、教養を磨き続ける以外に道はない。……208
47 勉強にはまとまった時間が必要であり、時間はお金で買うことができる。……212
48 〝美味しい体験〟を共有するためになら、お金はケチらない。……216

CHAPTER 6

人生を最大化する、お金の使い方。

49 自分で決めた貯蓄を超えた分は、勉強代としてすべて使い切る。……224
50 「貯金なんてするヤツはバカだ」を、鵜呑《うの》みにしない。……228
51 この世で最強の投資は、本である。……232
52 確かに経験は大切だが、読書はそれ以上に不可欠である。……236

53 一流の先生は、さらに超一流の先生から教わっている。……240
54 一度も損しなくて済む人生なんて、この世に存在しない。……244
55 周囲にヤイヤイ言われても、「将来の大物が修行中なのだから黙っていろ」と考える。……248
56 究極のお金の上手な使い方とは、死に際に何も物が残っていないこと。……252
57 継続させるためにも、やめるためにも、お金を惜しまない。……256

CHAPTER

1

お金は、ブーメランである。

Money for your Glorious Life.

01
お金を使うということは、ブーメランを投げる行為である。

あなたがブーメランを上手に投げると、ちゃんとあなたの元に還ってくる。
お金を使うということは、まさにそれと同じ行為だ。
ブーメランとやや違うところは、次の点だ。

お金は使い方の上手、下手に関係なく、
絶対、必ず、100%の確率で、
使った人の元に何らかの形で還ってくる。

それが同じ規模で還ってくるか、増えて還ってくるか、減って還ってくるかは、まさに神の所業であり、我々人間にはわからない。
だが、長期的な成功者たちの誰もが口を揃《そろ》えて言うには、
人生というのは見事にバランスが取れており、
最終的には自分の投げたものと、見事に帳尻が合うようになっているということだ。

一時的に〝損〟をしているように見えても、それは一時的な感覚に過ぎない。
翌日か、翌週か、翌月か、翌年か、10年後か、30年後か、50年後かはわからないが、
必ず、ブーメランのように、あなたの元に「利益」として還ってくるのだ。

しかも、お金を出して月日を経れば経るほど、
忘れた頃に、雪だるま式になって利益が還ってくる。

その一方で、一時的に〝得〟をしているように見えても、
それは一時的な感覚に過ぎない。
翌日か、翌週か、翌月か、翌年か、10年後か、30年後か、50年後かはわからないが、

必ず、ブーメランのように、あなたの元に「損失」として還ってくるのだ。
しかも月日を経れば経るほど、忘れた頃に雪だるま式になって還ってくる。
だから、お金というブーメランを、どう投げるかが重要になる。

そう考えるとあなたも、今日からお金を使う意識が少し変わるはずだ。
今は〝ラクに儲かる話〟に見えても、
いずれ必ずそれは巧妙な詐欺《さぎ》だったと気づく時がくる。
今は〝しんどくて儲からない話〟に見えても、
「あれが自分の人生を飛躍させるきっかけだった」
と、いずれ気づく時がくる。
私自身は、大学時代の読書体験を通じてこうしたお金の動きを予習していた。
そして、サラリーマン時代に出逢った長期的な成功者たちからも、
以上のことを教わってきたため、忠実にそれに従い、今日まで生きてきた。

〝しんどくて儲からない話〟こそ、真摯に耳を傾けて真剣に検討した。
〝ラクに儲かる話〟を運んでくる相手に対する時は、
最初から門前払いにするか、仮に会っても二度目に会うことはなかった。
その結果、今、ここにいる。

損なことも、得なことも、
巡り巡ってあなたの元へ還ってくる。

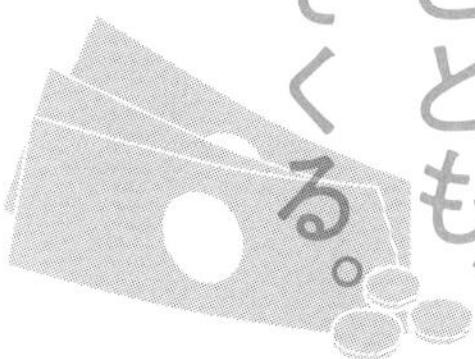

02 日々、無数のブーメランが投げられている。

お金というブーメランは「一つしか投げてはいけない」というルールはない。
現実には多くの人が複数のブーメランを、
無意識のうちに、同時並行でいくつも投げ続けている。
これは自動車や住宅など、高額商品を購入した場合に限らない。
コンビニでお手洗いを借りた際、店への感謝としてガムやキャンディを購入する、
といった小さな行為も、すべてブーメランにプラスでカウントされる。

いつも宴会で支払い直前に〝行方不明〟になり、

お金を払わず人生を乗り切ってきた人も、そのままブーメランにマイナスでカウントされる。


これらすべての、あなたのお金との関わり方が、あなたの人生を創造しているのだ。

金額の大小にかかわらず、ありとあらゆるお金の使い方が有機的に絡まり合い、その結果として、あなたの人生があるのだ。

換言すれば、あなたが美しくお金を使っていれば、あなたの人生も美しくなるということである。

それならば、美しいお金の使い方を知って、あなたがそれを習慣にすればいい。


たとえば仮に、あなたが1日3回お金を使うとしよう。

その場合、あなたは3回も「幸せの種を蒔《ま》くチャンス」に恵まれていることになる。

1日3回であれば、1年で1000回、幸せの種を蒔く機会があるということだ。

これだけ幸せの種を蒔いておけば、あなたが将来、幸せな人生を歩まないほうが難しい。


これを逆に言うと、1日3回、醜いお金の使い方をすると、あなたの人生は醜くなるということである。

1日3回であれば、1年で1000回、不幸の種を蒔く機会があるということだ。

これだけ不幸の種を蒔いておけば、あなたが将来、不幸な人生を歩まないほうが難しい。


いかがだろうか。以上は決して怪しいオカルト話などではなく、あなたやあなたの周囲の人々を振り返ってみれば、大いに頷いてもらえるのではないだろうか。
せっかく奇跡的にこの世に生まれてきたのだから、
断然、幸せになったほうがいい。
だったら、本書を通して美しいお金の使い方を知り、
積極的に美しいお金の使い方をして、
複数のブーメランを投げておいたほうがいいとは思わないだろうか。
私はそれが、人生における最高の投資だと思う。

今から幸せの種を蒔いて、
将来、大きな果実を収穫しよう。

03

どうせ投げるなら、ブーメランは愛を込めて投げる。

お金というブーメランを投げる際には、たった一つのことを守ればいい。
それは、お金を支払う際に、お金に愛を込めるということだ。
愛を込めるなどと言うと大袈裟に聞こえるかもしれないが、慣れれば誰でもできる。
お金を支払うことは、言い換えれば、
お金というバトンを他の誰かに手渡すということだ。

つまり、あなたの手元にお金が運ばれるまでの間に、
無数の人がそのお金を運び続けてくれたということでもある。

たとえそれが新札であったとしても、あなたの手元に届けられるまでには、
そこに無数の人々が関わっているという点は何も変わらない。
脈々と、無数の人の尽力によって運ばれてきたそのお金に対して、
「今までありがとう」と心の中で唱えて見送ってあげる。
これが、お金に愛を込めるということなのだ。

私が小学生の頃、校長先生が朝礼で全校生徒を前にして、
次のような話をしてくれたことを、今でも鮮明に憶《おぼ》えている。
校長先生の新人教師時代に貧しい家庭の生徒がいて、
その子は本もろくに買ってもらえなかった。
貧しいけれども、勉強したいという思いが強かったその生徒は、
もらったお小遣いを少しずつ貯《た》めて、
クシャクシャになった１００円札を手に握りしめて本を買い、
懸命に勉強したという、

確かに、誰もが一度は聞いたことがありそうなエピソードだ。
今の20代の人たちなら「いつの時代の話？」と思うかもしれない。
だが、私は今でもこの校長先生の教えをベースにお金を支払っている。

「ひょっとしてこのお金は、
あの100円札の生まれ変わりではないだろうか？」

たまに、クシャクシャになったお札を手にすると、しみじみとこう感じてしまう。

このエピソードで大切なことは、
大切に貯めたお金を手元に置くことに執着するのではなく、
本当に欲しいもののために、惜しみなくお金を手放すという点である。
これこそが本当のお金に対する愛であり、お金が活きる瞬間なのではないだろうか。

「今までありがとう」

私は今でも支払いの際、小銭かお札かに関係なく、

心の中でこう唱えている。

これはもちろん私の買い物だけでなく、仕事のポリシーにも反映されている。

大切なお金を「今までありがとう」と愛を込めて手渡せない相手とは、私は断じて取引をすることがない。

お金を愛することと、お金を手放すことは、相矛盾する行為ではなく同じ行為なのである。

大切なお金は、愛と感謝の心を込めて、大切に使う。

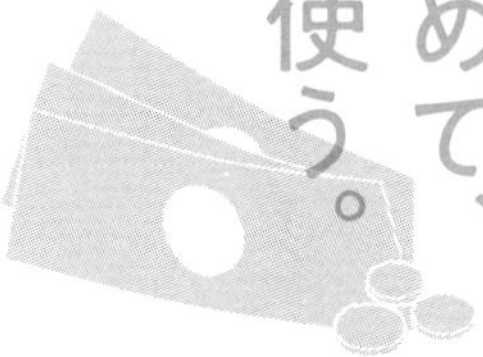

04 道楽息子には、「身を滅ぼすタイプ」と「より成功させるタイプ」がいる。

「道楽息子には、ろくな者がいない」

このセリフは、これまであなたも一度ならず聞いたことがあるだろう。

私はこれまで経営コンサルタントとして、数え切れないほどの道楽息子たち、つまり創業経営者の二世社長、三世社長たちと一緒に仕事をしてきた。

その経験から冒頭の命題の真偽を明らかにすると、

道楽息子たちは両極端の人生を歩むことが多かったように思う。

つまり「身を滅ぼすタイプ」と「より成功させるタイプ」の、いずれかに偏るということだ。

「身を滅ぼすタイプ」とは、文字通り苦労知らずのお坊ちゃんだから、働かずに遊び呆《ほう》けて、そのまま財産を食い潰してご臨終という、お決まりのパターンだ。

これが、多くの人が持っている「道楽息子」のイメージだろう。

では、「より成功させるタイプ」とはいったいどういうものか。

それは親の財産で散々遊びながら、社会の様々な法則を勉強し、財産が尽きた頃に颯爽《さっそう》と事業で成功するパターンだ。

親の財産で遊んでいるという事実は両者とも同じだが、その中身はまるで違う。

両者ともに、最初はろくに働かずに遊び呆けているのだが、

後者の「より成功させるタイプ」は、途中で遊びに飽きてしまうのである。

「もう一生分遊んだ」という一種の〝悟りの境地〟に達し、

これまで散々遊んできたことを体系化して分析し、結果としてビジネスにする。

とことん遊び抜いた道楽息子は、お金をふんだんに使いながら、遊びが勉強に転換する瞬間を経験するのだ。

それもそのはずで、現在の詩・音楽・芸術・哲学・数学といった学問は、古代文明の頃はすべて裕福な大人たちの暇潰しであり、道楽だったからである。いつまでもかくれんぼや鬼ごっこばかりでは、さすがに大人は飽きてしまうから、遊びを体系化して「勉強」を生み出したのだ。

つまり、勉強とは本来、遊びの一種なのである。


遊び抜いた道楽息子が、次第に単なる遊びに飽きてきて、もっとその遊びを面白くしようと、次のステップの「勉強」というステージに入る。

単なる遊びで終わってしまうと身を滅ぼすが、遊びを勉強に転換させると成功するのだ。

そして勉強を繰り返すと、

「こうすればもっと良くなる」というアイデアが次々に湧いてくる。

散々遊び抜いた体験はすべて新ビジネスへの投資となり、見事にプラスのブーメランとして回収できる。

こういうことを教えてくれる人や本と出逢うことも、道楽の結果と言える。

そうした幸運をゲットできるかどうかも、本人の実力のうちである。

遊びにお金を使い、ビジネスに活かす。これも立派な「投資」である。

05

棚ボタとは、先行投資の忘れものか、神様からの先行投資のどちらかだ。

あなたの人生で、思いがけず良いことが起こった経験が何度かあるだろう。
それを世間では「棚から牡丹餅《ぼたもち》」、略して〝棚ボタ〟と表現する。
この棚ボタは、「お金」ばかりでなく、
いやそれ以上に「チャンス」となってやってくる。
あなたがこの棚ボタをどう捉えて、
どう使っていくかが運命の分かれ道なのだ。
私自身もこれまでに棚ボタを数え切れないほど経験し、

そのカラクリを考え続けてきた。
なぜなら棚ボタは、誰でも同じ回数が巡ってくるわけではないからだ。
人生において棚ボタが巡ってくる個人差は、
人により桁違いのレベルで異なると言っていいだろう。
私は20代の頃、出逢った成功者のほぼすべてに棚ボタのカラクリを聞いてみた。
いくら本を読んでも、スッキリとした回答が得られなかったからだ。
成功者たちの回答から最大公約数的な意見をまとめると、
次の2つの「投資」に集約された。

まず、自分で先行投資をしたことをすっかり忘れてしまい、
きちんと還ってきたブーメランを〝棚ボタ〟と勘違いしてしまうということである。
先行投資を習慣にしていると、次第に歯磨きと同じような日常的な感覚に陥って、
投資した内容なども、いちいち憶えていられなくなる。
たとえば英語の勉強にお金と時間を費やすことが習慣になっている人は、

会社で高い英語力を求められる仕事を打診された時、「やります！」と即答できる。
これを人は棚ボタと呼んでいるだけである。
すでにお気づきのように、それは幸運のおかげというよりも、
本人が先行投資していたおかげで摑《つか》めたチャンスであり、まさにブーメランなのだ。

棚ボタの頻度が高い人たちを無心に観察していると、
この例のように、実は無数の先行投資が
習慣化されていることが多い。

単に忘れているだけなのだが、本人がこれを「幸運のおかげ」と感謝することで、
さらに周囲を味方につけて、ますます幸運になっているという事実も否めない。

次に、少し意外かもしれないが、神様からの先行投資というものがある。
人により呼び方は様々だったが、何か偉大な力が偶然、幸運を与えてくれることだ。

換言すれば、これは神様があなたを見込んでチャンスをくれた

というこ とであり、この棚ボタをもらった人は、
それを世の中のために活用する使命を背負うことになる。

啓示を受けたらただちに行動に移さなければもう二度と同じ棚ボタは巡ってこない。
もしもあなたが偶然に大きなチャンスをもらったら、決してビビッて断らずに、
まず一度、「これは何の啓示なのか？」と考えてみてほしい。
そこであなたが〝啓示〟の意味を自分なりに理解して、
周囲の人々が良くなるように活かしていけば、棚ボタは次々に巡ってくるだろう。

棚ボタとは、神様があなたを見込んで投資したその証拠。

06 戻ってきたブーメランには、必ず人脈と人望の増減が生じている。

お金がブーメランであることの意味は、
ここまで述べたことでご理解いただけたかと思う。
さらにここで、あなたの元に戻ってきたブーメランには、
以前と比べて具体的に、どんな変化が起きているのかを説明しよう。
お金というブーメランが戻ってくると、そこには必ず、
人脈と人望の増減が生じている。

人脈とは、知り合いの人数が増えることであり、

人望とは、一人の人間からとことん信頼されることである。

人脈とは拡《ひろ》がりであり、人望とは深さであると言い換えてもいいだろう。

一番下手なブーメランの使い方は、
戻ってきた時、人脈か人望が減っているというものだ。
たとえば相手の弱みにつけ込んで、値切り倒した場合がこれに該当するだろう。
相手の恨みは生涯、復讐を遂げるまで消えることはないから、
せっかくお金を使ったのに、人脈と人望を減らしてしまう結果となる。
これでは大切なお金をドブに捨てた上に、
そのドブの泥水が、あなたのお気に入りの服に跳ね返ったようなものである。
すべての取引でことごとくこれを繰り返して、人脈と人望が減らない理由はない。

一番上手なお金というブーメランの使い方は、戻ってきた時、人脈と人望が増えているというものだ。

たとえばあなたにとって、そのサービスが「価値∨価格」だと確信できて、相手にとってもその取引で適正な利益が出ている状態である。

こうした状態になると、あなたは相手に感謝するし、相手もあなたに感謝する。

あなたはその取引先と、これからも付き合いたいと思うだろうし、相手もあなたとなら、これからも付き合いたいと思うだろう。

すべての取引でこれを繰り返していると、人脈と人望が増えない理由はない。

私は常に、仕事でもプライベートでも、
取引の際には人脈と人望の増減を強く意識するようにしている。
その取引をすることで、わずかでも人脈か人望を減らすリスクを察知すれば、
どんなに小さな金額の買い物でも即座に拒絶する。

納得できるものに対しては、どんなにお金を払おうと安いものだが、
納得できないものに対しては、どんなに安いものだろうと結局は高くつくのだ。

たとえ魅力的であっても、人脈や人望が減るようなお金の使い方をしない。

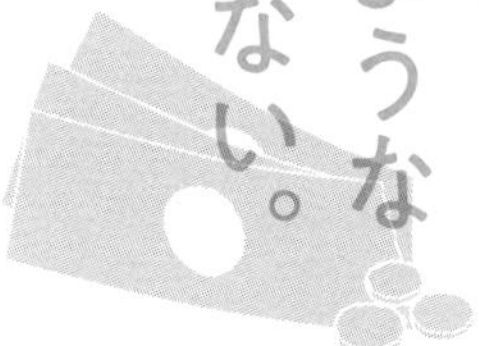

07
損をした原因は、自分自身にある。

お金に限らず「損をした」と悔しい気持ちになった経験は誰でもあるだろう。
しかし、「損をした」と何かを恨んでいるだけでは、
いつまで経ってもあなたの人生は好転しない。
これまで何度も「お金はブーメランである」と説いてきたように、
結局、すべての原因は、
ブーメランを投げたあなた自身にあるのだ。
あなたに何らかの原因があったからこそ、

それが結果となって還ってきただけなのだ。
シンプルだが、それだけの話だ。

ここで少し冷静に考えてもらいたいのだが、
一時的に損をしたとしても、それが一生続くということはない。
たとえ自分に非のない金融ショックのせいでお金を失ったとしても、
数年後になれば状況はかなり改善されるはずだし、
10年もすれば以前よりも快適な環境に進化を遂げている場合もあるだろう。
これは我々の人生も同じで、ふて腐れずに前向きに生きていれば、
どんな損害を被ってもいずれ時間が解決してくれるものだ。

古今東西、人生で損をしたことがない人などはいないし、
損をしなければ、勉強する喜びも知らずに
人生を終えてしまうだろう。

損をすることによって、人類は知恵をつけようと努力して、進化していくのだ。

私もこれまでに人生で随分と損をしてきたと思うが、
いちいちそれでふて腐れたことはない。
損をした原因はすべて自分にあるという事実を正面から受容し、
徹底的に分析をした。
同じ過ちを繰り返さないのはもちろんのこと、
できれば類似問題にも対応できるように想像力を働かせた。

たいていの場合は私自身の心の中に、
どこかずるい部分や利己的な部分が
あったことに気づかされた。

ずるい部分や利己的な部分が様々な形に化けて、

私の表情や言動に顕在化することで、損をする取引を引き寄せてしまったのだ。

これを読んで、あなたにも思い当たる部分があれば、
ぜひこの機会に予習してもらいたい。
わざわざ好き好んで損をする必要はないのだから。

損したことにふて腐れない。
その経験を将来の糧《かて》にして元を取ろう。

08

迷ったら、形のないものにお金を使う。

あなたは将来成功して、お金持ちになる可能性が桁違いに高いだろう。
なぜならこうして熱心に本を読んで勉強しているからだ。
将来成功してお金持ちになる時まで、ぜひとも憶えておいてもらいたいことがある。
それは、形のないものにこそ、お金を使ってもらいたいということだ。

住宅、自動車、宝石などに買う価値がないということではない。
それらをひと通り揃えて満足したら、ぜひ一日も早く、
「形のないものにお金を使う人生」にシフトしてもらいたいのだ。

あなたもお金持ちの知り合いで「下品だな」と感じる人がいるだろう。
それはその人の周囲に物が溢《あふ》れているからである。
カッコいいお金持ちは、とにかく物が少ない。
お金がたくさんあるのに物が少ないということは、どういうことか。
それは形のないものにお金を使っているということである。
形のないものとは、教養や知恵を高めるものである。
物が少ないということは、
本物しか所有しないということでもある。
本物を数少なく所有しているからこそ、
結果として周囲に物が少なく見えるのだ。
ではそれら「数少ない本物」を選び取るためには、どうすればいいのか。
それにはやはり、勉強しかない。

勉強して教養や知恵を高め、選択眼を鍛えて、
初めて「本物」があなたの前に現れるのだ。
お金持ちになってから一番欲しくなるのは、お金では買えないものである。

お金では買えないものを手に入れるためには、
自分の格を上げるしかない。
自分の格を上げるには、形のない教養や知恵を高めるため、
日々勉強し続けることである。

成功者はなぜ、骨董や美術品を好んで買い求めるのだろうか。
もちろん投資の目的もあるが、骨董には目に見えない、
「本質的な価値」が見出されているからである。
骨董商と聞くと物品の売買を行う仕事に思えるかもしれないが、
古い器や掛け軸に価値を見出し、高額で売買することもある不思議な仕事である。
これを言い換えるなら、

物品にまつわる「本質的な価値」を売る仕事だと言えるだろう。
骨董商を一代で軌道に乗せるのは難しく、
子や孫の代になってようやく様になるという。
それは、世代を超えて膨大なお金と時間をかけて勉強し続けなければ、
物の良し悪しを目利きする審美眼が完成されないからだ。
あなたもこうした「伝承者」には敵《かな》わないにせよ、
今から、形のないものに対して価値を認める訓練を積んでおくことだ。
お金の使い道に迷ったら、形のないものにお金を払っておけば間違いない。

自分の格を上げたければ、「形」よりも「価値」に優先的にお金を使うこと。

09
本気で大物を狙うなら、絶対に焦らないこと。

誰でも一度くらいなら「人生で一発当ててみたい」と思ったことがあるだろう。
その一発が大きければ、一生働かなくても生きていけるし、
それほど大きくなくても、
その後の人生を拓く大きなきっかけにはなってくれるだろう。
作家の世界でもこれは同じで、スケールの違いはあるが、
職業作家として身を立てている人は、人生のどこかで必ず一発当てている。
これは私自身が大学生の頃から職業作家を夢見て、
彼らの人生を丹念に遡って調べ尽くしたのだから間違いない。

「一発当てて、そこから成功する」

この事実を知って、あなたは当たり前だと笑うかもしれない。

だがここで、もう少し踏み込んで考えてみてほしい。

大切なのは一発当てることではなく

一発当てて成功した後でどうするか

ということなのだ。

一発当てた後できちんと成功するコツは、絶対に焦らないことである。

大切なことは、一発屋さんで終わらないことだ。

その「一発」が生涯賃金に匹敵する額であれば、

それでフェードアウトする手もある。

だが、その場合お金は困らないかもしれないが、
せっかくの人生が味気ないもので終わってしまう。

できればその一発を機に、
さらに継続して好きなことができたほうが、
人生は絶対に楽しい。
そのためには、

焦って大物をゲットしようと頑張らない

ということがとても大切になってくる。
私が職業作家を目指した時に真っ先に研究対象としたのは、
自分と似たタイプの経歴、知能や感性を持った成功者たちであった。
他の誰かがどう思うかではなく、あくまでも私自身が、
「これならいずれ自分にもできる」と、

一点の曇りもなく確信できた成功者たちを研究対象に絞り込んだのだ。

それと同時に、20代でのデビューは私の経験値からは早過ぎると判断し、まずは焦らず、10年間、サラリーマンを経験して徹底的に人間観察する、という戦略を練った。

サラリーマン時代にも何度か出版のチャンスは巡ってきたが、

「極力、焦ってはいけない」

と自分に言い聞かせて、何度か断っている。

お金を惜しまず膨大な量の書籍を買い込んで、ひたすら読書を続けることにより、コツコツと知恵と知識をストックし続けた。

そうして、この頃には最低でも100冊は本を書けるコンテンツを頭に溜め込んでいた。

デビュー作から3作目までを出した期間は会社員時代のラスト2年間だったが、私の現在の出版における成功の礎を築いたのは、間違いなくこの期間なのだ。

お金も経験も、消費する前にストックの量が物を言う、ということで共通している。

本気で大物を狙うなら、結果を焦るべきではない。まずは焦らず、ストックすることに注力しよう。

機が熟すればチャンスは向こうからやってくる。

未熟者のうちに一発当てても、後が続かないものだ。

焦って結果を求める必要はない。まずは経験を重ねて、実力を養おう。

リターンを忘れて、
ひたすら種を蒔こう。

CHAPTER

2

仕事を最大化する、お金の使い方。

Money for your Glorious Life.

10 大富豪が自家用ジェット機を所有するのは、エンドレスで商談できるから。

世界の大富豪レベルになると、
自家用ジェット機を所有していることが多い。
莫大な維持費にもかかわらず、何機も所有している大富豪も多く、
どうしてそんな無駄遣いをするのかと憤りを覚える人もいるかもしれない。

もちろん、自家用ジェットは莫大《ばくだい》な維持費がかかる。

だが、大富豪にとって自家用ジェットを所有することには、

それ以上のメリットがある。

いつでもどこでも移動の自由を満喫できる便利さや、搭乗時の快適さだけではなく、実は、ビジネス上で、とても大きなメリットがあるのだ。

ビジネスにおける自家用ジェットのメリットとは、相手を逃がさず、エンドレスで商談を続けられる点である。


大富豪レベルになると、桁違いの金額で商談をしている。

大富豪から口説かれる相手のほうも、うかつな返答をしないよう警戒せざるを得ず、最終便の時間まで粘って「時間切れ」に持ち込もうとする。

タイムリミットが来て大富豪が帰ってくれれば、面と向かって断る必要もなくなり、メールや電話でバッサリ断ることができるのだ。

けれども大富豪の後ろには自家用ジェットが控えていて、相手を決して逃がさない。

こうした戦略ありきで、彼らはコストの高い自家用機を持っているというわけだ。

これは大富豪に限らず一般ビジネスパーソンも同じで、
大口の商談になればなるほど、

飛行機や列車の最終便の時間がクロージングの障壁になることが多い。
ビジネスの経験があれば、きっとこの気持ちはよくわかるだろう。
商談には「今この瞬間に決めなければ、次はもうない」というチャンスが多い。
「もしこんな時に自家用ジェット機があれば、どんなに便利だろう」
私もそんなふうに夢想したものだ。
そこで私は、自家用ジェット機を買わずして同じ効果を得ようと知恵を絞った。
そして、大口の商談がある場合は、当日戻りの日程を組まないで、
とにかくその日は宿泊すると決めて、自腹でホテルを予約したのだ。
こうすれば「帰りの時間は大丈夫ですか？」と聞かれても、
まったく動じることなく商談ができる。
仮に、短時間で商談が決まっても、ご褒美としてゆったりホテル生活を満喫できる。
実際に「商談の日は宿泊する」と決めてから、
クロージング率が飛躍的にアップした。

「今夜は宿泊するから大丈夫」という安心感が、良い方向に作用したのだ。

結果を出すためには、時に自腹を切る覚悟も必要。

11 最初から大金を払わない。

相手と取引を始める際には、いきなり大きな契約を結ばないほうがいい。
なぜなら、相手のほうはあなたから大きな契約をもらっても、
それに見合った感謝の気持ちを感じないからである。
それどころか、「次はもっと大きな契約をくれるに違いない」と、
獲物を狙う獣のような目つきになって迫ってくることが多い。
これは人間の本能であり、あなたが逆の立場になっても、ほぼ確実にそうなる。
少し想像すればすぐにわかるが、平社員だろうが社長だろうが、
相手には「お金をもらい続けなければならない」という仕事上のスタンスがある。

今月は少し多めに成績を出したから、もう一生遊んでいてもいいということはない。少なくとも翌年になれば、またそれ相応のノルマを与えられるものだ。

大きな取引で相手を喜ばせても、今後の期待を膨らませるばかりで、相手に感謝の念などは起こらないのだ。

「前は100万円貸してくれたのに、どうして今回は貸してくれないの?」と、借金魔から逆恨みされるのと同様に、「前は大口契約をくれたのに、どうして今回はくれないの?」と、恨まれる可能性すらある。

実際にそうしたことがきっかけになって、刃傷沙汰《にんじょうざた》に発展した例は枚挙に暇《いとま》がない。

こうした事態を事前に防ぐためには、取引相手には最初から大金を使わないことに限る。

変な話だが、

金払いのいいお客様よりも、
なかなかお金を払わない難易度の高いお客様のほうが、
丁重に扱われたり、質の高いサービスを提供されたりするものだ。

お金というのは力だから、支払う側が力を持っている状態を維持しなければ損だ。
そのためには〝金払いのいいお客様〟と見られるのではなく、
完璧にサービスしないとお金を払わない、
〝厳しいお客様〟という印象を与えたほうがいい。

私は経営コンサルタント時代に、
様々な業種業界のバックヤードを覗かせてもらったが、
〝金払いのいいお客様〟は従業員たちから例外なくバカにされて舐《な》められていた。
ここで名前を挙げると誰もが憧れるような会社や業界でさえ、

バックヤードでの従業員たちの態度は、どこも概して醜かったものだ。

いくら欲しくても、最初はグッと堪えて何も買わないか、仮に買っても「お試しセット」にとどめて、相手をじらし続けることだ。

大金を払うのは、あなたが相手に全幅の信頼を置いてからでも決して遅くはない。

相手に対して影響力を発揮したいなら、気前良くお金を払ってはいけない。

12 あえて断るつもりで商談に臨むと、主導権を握りやすくなる。

当たり前だが、ビジネスは売る側と売られる側の両方がいて成立する。

おそらく多くの人が、そのどちら側も経験しているだろう。

ではここで、あなたが仮に「売り込まれる立場」になった際に、どうすれば気持ちのいい時間を過ごすことができるのかをお伝えしたい。

あなたが心底欲しいと思っているサービスに対しては、「売り込まれる」というネガティブな意識は持たないだろうが、そうではないサービスの場合は、苦痛以外の何ものでもないだろう。

私はあなたに、人生からそんな不愉快な時間を一掃し、人生の主導権を握って生きてもらいたいのだ。

あなたが売り込まれる立場の商談で
主導権を握るコツは簡単である。
それは最初から断るつもりで話を聞けばいいのだ。

いや、私の本の読者の中には〝いい人〟が多いから、あえて少し強い表現を使おう。
最初から、断ると決めて商談に臨むことである。
いつも〝いい人〟であることにつけ込まれて、
いいように利用されてしまう人生に別れを告げたければ、
そのくらいの覚悟ですべての商談に臨むことだ。

すると、必ずこんな変化が起こる。
いつもならいいように利用してきた相手が、

それはあなたが本気で断ると決めている覚悟が相手に伝わったからである。

あなたに媚《こ》び始めるのだ。

これは商談に限らず人生全般に通じる。
恋愛や友情において、あなたが振り回される立場でなく、
振り回す立場になりたければ、
あなたが断る立場になればいいのだ。

どんな場合でも、

「いざとなったら、いつでも私はあなたと別れる覚悟がある」

と腹をくっている側が主導権を握るのだ。

もちろんたまには振り回されるのも楽しいし、実は私も振り回されるのが大好きだ。
しかしそれは普段は主導権を握っている側だからこそ楽しめる贅沢であって、
普段から振り回されるのがスタンダードの人生を送っている人にとっては、

かなり深刻な問題だろう。
主導権を握っているという余裕があるからこそ、人にはゆとりが生まれるのだ。
主導権のないゆとりは、ゆとりではなく単なる戦意喪失した弱者の諦めである。
決断とは「断ると決める」と書くが、
最初から断ると決めることで幸せの扉は開くのだ。
「どんなに強引に売り込まれても断る」と決めておけば、恐れる必要はもう何もない。

不本意な売り込みにはお金を払わなくていい。恐れず勇気を出して断ろう。

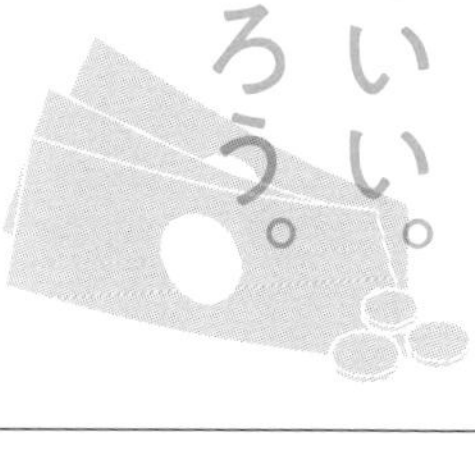

13

防音・耐震・セキュリティがしっかりした環境だと、集中できる。

仕事をする際に大切になってくるのが、環境である。

一流の仕事をするためには、環境にお金をいくら使っても無駄にはならない。

やはり、クリエイターはクリエイターらしい環境で仕事をしているし、職人は職人らしい環境で仕事をしている。

作家は作家らしい環境で仕事をしているし、医者は医者らしい環境で仕事をしている。

個別に見ればそれなりに差はあるだろうが、大分類で見れば似ている。
きっとあなたにも、あなたの仕事がやりやすい環境があるはずだ。
「本当はこんな環境で仕事をしたくない」と思っている人は、
自腹を切って仕事をしやすい環境で仕事をするか、
いっそのこと、転職や独立をしてしまうのもいいだろう。

私自身はそれらのすべてを経験してきた。
なぜならこれまで私が出逢ったエグゼクティブたちから、
仕事で成果をあげるために、環境がいかに大切かを異口同音に教わっていたからだ。

「できない理由を環境のせいにするな！」
というのは真っ赤な嘘で、
環境次第で仕事の質はいくらでも向上するものだ。

私は新入社員時代、何も知らない新入社員に、

大切なお客様からの電話を取らせる職場を見て、
これでは誰も幸せになれないし、この仕事のやり方は間違っていると確信した。

「こんな環境では、自分の仕事が何もできない」

そう考えて、私は外回りをする振りをしつつ、
隠れ家であるお気に入りのカフェに籠もってこっそり仕事を片づけていた。
トータルで見たら隠れ家にはバカにならない額のお金を使ったが、
仕事がはかどることを考えたら、あれはとても安い投資だったと確信している。
転職後も、自分の仕事がしやすい環境にとことんこだわりたかったから、
入社直後、私は上司に「3ヶ月以内にこれだけの結果を出すから、
フレックスタイムにしてくれ」と直談判した。
そして私は会社の裏に借りた（当時の私には高かった）アパートを起点とし、
猛烈に働いて、上司と約束した以上の結果を出した。

独立してからはすでに環境にお金を投資するのは安いものと確信していたから、防音・耐震・セキュリティがしっかりして、仕事に没頭できる環境を確保した。

まさに今、こうして執筆している南青山の書斎がそれである。

仕事で成果を出す近道は、能率が上がる環境を買ってしまうこと。

14 本業で一流の人から徹底的に学ぶ。

あなたが本気で一流を目指しているのであれば、実際にその仕事で一流の実績を出している人から学ばなければならない。

なぜならば、それが一流になるための一番の早道であり、これは一流の人なら誰もが知っている常識である。

一流の空間には一流特有の空気が満ちており、その空気を吸って生きることによって一流に同化していくことができるのだ。

吉田松陰の私塾だった松下村塾からは、高杉晋作、久坂玄瑞《くさかげんずい》、吉田稔麿《よしだとしまろ》、入江九一《いりえくいち》、寺島忠三郎、伊藤博文、山縣有朋《やまがたありとも》、前原一誠《まえばらいっせい》、有吉熊次郎、時山直八、玉木彦助…といった歴史を揺るがした人材が次々と輩出した。

また文壇では、夏目漱石の自宅に集う木曜会の常連から、芥川龍之介、久米正雄、内田百閒《うちだひゃっけん》、野上弥生子《のがみやえこ》、寺田寅彦、和辻哲郎、阿部次郎、安倍能成《あべよししげ》、鈴木三重吉…といった逸材が次々と巣立っていった。

国内外を見ても、一流大学からは、やはり桁違いの数の一流人材が輩出しており、将来一流になる逸材は、名もなく貧しい頃からすでに一流と出逢っている。

一流大学や一流企業に入るメリットとは何か。
それは、一流の空間で、一流の空気を吸いながら、
「一流とはいったいどんなものなのか」を
全身の細胞に刷り込むためである。

一定期間を一流の世界で過ごしてきた人は、
一流以外に接した途端「これは一流ではない」という強い違和感を抱くようになる。
つまり、「一流」と「それ以外」の目利きができるようになるのだ。
こういう話をするとすぐに
「でも、そうした場所にも数え切れないほどの落ちこぼれがいるはず！」
と興奮する人が登場するが、たとえそうであっても、一流の空間で学ぶ価値はある。
仮にその分野で落ちこぼれたとしても、
「一流とはどんなものなのか」という感覚を生で得た経験は貴重だ。
勝負する分野を変えた時でも一流の世界には必ず通じる感覚があるから、
一流の空間で学んだ経験は生涯の宝として役立つことだろう。

ところでこれは職場ばかりの話ではなく、勉強や習い事に関しても同じだ。
自分が一流の価値を認めた人であれば、いくら授業料を払っても無駄にはならない。
その価値は、必ずあなたの元にブーメランとなって還ってくることだろう。

概して一流の先生の直接指導は高いが、それは先生が金儲け主義だからではない。高く設定しないと、「これは安い！」と生徒が殺到して、指導にならないからだ。

ただ幸いなことに、本に限ってはどんなに一流の人が書いたものでも、値段は三流とほとんど変わらないが。

一流の勉強にかけたお金は、決して無駄にならない。

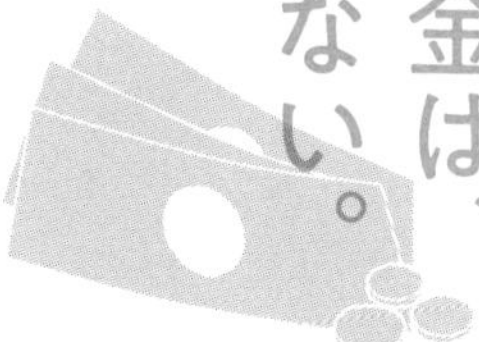

15 本業以外でも、一流の人から徹底的に学ぼう。

専門分野だけではなく、専門分野以外からも学ぶことが大切であるとすでに述べた。
もしもあなたが本業で一流を目指しているとして、
本業以外は適当に学ぶだけでいいのかというと、それではやはりもったいない。
本業以外もぜひ、一流の人から本気で学ぶべきである。
もちろん、仕事を早く切り上げて平日の夕方にお稽古事に通ったり、
個人レッスンを受けられたりする人はそれでいい。
定期的に直接指導を受け、それ以外の時間はすべて、
復習に充てるのがベストな方法だ。

だが現実には、時間的にも金銭的にも、それが難しい人がほとんどだろう。
その場合は一流の先生が出している本、音声、動画などの教材を駆使しながら、
徹底的に学ぶことで代替すればいい。

独学を侮ってはならない。
一流の先生から週1回の直接指導を受け、
それ以外何もしない人よりも、
直接指導を受けないで、一流の先生が出している全教材を、
毎日欠かさず学び続けている人のほうが遥かに成長するだろう。

すでに世間的にも英語のカリスマ講師として有名な人の中には、
一度も海外経験がないのに英会話を習得したという人も続々と登場している。
独学でペラペラになってから初めて海外に行って、

さらにネイティブの英語を吸収するほうが、
実のところ本物の英語力を習得するには早道なのかもしれないのだ。
是非はともかく、そのくらい独学の環境が整ってきたというのが紛れもない事実だ。

私自身は教材を選ぶ際に、著者のプロフィールを丹念にチェックしている。
そのプロフィールが本物か否か、一流かそうでないかを目利きしている。
現に私はこれまで、経歴詐称で干された多くの人たちのプロフィールの怪しさを、
その虚偽が発覚する何年も前（人によっては10年以上前）から見抜いてきた。
プロフィールを洞察するコツを披露しておくと、
華やかな固有名詞に騙されないことだ。
「東大」「ハーバード」といった固有名詞だけではなく、
どのコースで入学したのか、
ちゃんと正当に卒業したのか、

**その経歴は短期留学や金で買える〝こけおどし〟でないか。
「〇〇賞受賞」の類いも、
その分野に詳しい人に真実の価値を聞くことだ。**

経歴・実績が一流かつわかりやすい人の教材なら、
どれだけお金と時間を注ぎ込んでも安い。

著者のプロフィールを吟味する。
これが成功する教材購入のコツ。

16
最初は専門分野を集中して学び、次第に専門分野以外に拡げる。

短期的な成功で終わった経営者たちによく見られる共通点として、専門分野については詳しいが、教養を持っていないことが挙げられる。

専門分野に詳しいのはプロとして当たり前だが、専門バカではいずれ限界がくる。

なぜなら、専門分野の知識を本気で深く掘り下げようと思えば、専門分野以外の知識こそ必要になってくるからである。

教養を深めることの大変さは、公園の砂場で深い穴を掘ろうとする時と同じだ。

穴が狭いままだと、すぐに砂が入り込んでやがて穴は埋まってしまう。
深く掘りたいと思えば、どれだけ砂が入ろうとビクともしない、
広い穴でなければならない。
これはまさに、自然の摂理なのだと思う。
そして私はあなたに、できるだけ広い範囲の勉強にお金を使ってほしいのだ。

最初はもちろん、専門分野を集中して学ぶことが大切だ。
そして、その専門がプロとして認められるレベルに到達したら、
次にすかさず専門外の勉強へと拡げていけば、後で必ずすべてが繋《つな》がる。
たとえば時計技師として、最新の技術を貪欲に学ぶのはプロとして当たり前だ。
しかしそれは、同業者であれば誰もがやっていることだ。

差がつくのは手先の技術ではなく、教養である。

スイスの機械式時計は世界レベルで有名だが、それは同国の自然地理が関係し、

歴史的に宗教改革とも深く関わっていることも知れば、
職人のフィールドを超えて、より広い世界で生きることができるようになる。

これは職人に限らずあらゆる職業に共通することだが、
専門外の勉強をしておくと、
より上流の顧客と話ができるようになり出世もしやすくなる。
私が保険会社で勤務していた頃には、
業界で必要とされていた全資格を最短で取得した。
そうして専門知識を完璧にした上で、取引先とは保険の話なんて一切せずに、
経営全般、政治経済、話題の本の話などで盛り上がっていた。
その後に保険という枠を飛び越え、全教養が試されるビジネスの司令塔になるべく、
経営コンサルタントという仕事に転職を果たした。
専門分野はもちろんのこと、専門外の勉強にも、
ありったけのお金と時間を注ぎ込んだ。

大切なことなので繰り返すが、やる順番を間違えてはいけない。

まずは専門分野をプロレベルに到達させることに全エネルギーを集中させ、その次に、幅広い教養を生涯にわたって身につけることだ。

物事を上手く進めるためには、何をやるかに加えて、それらをやる順番がとても大切だ。

やる順番を間違えているために、幸せになれないまま人生を終える努力家は数多い。

あなたにだけは、そんな人生を送ってもらいたくない。

専門外の勉強にお金をかけているかどうかで、実力の差が開く。

17 会社の経費だけではなく、自腹でも学ぶ。

恵まれた大企業になると、会社の経費で、社員の自己啓発費用まで面倒を見てくれる。

私が最初に就職した保険会社も同様で、海外留学制度があったのはもちろん、通信講座もよりどり見どりで、それらを会社が全額負担してくれていた。

これは大変素晴らしいことであり、ぜひあなたもそうしたチャンスがあれば活用すべきだ。

だが、ここであなたに、どうしても伝えたいことがある。

私がかつて出逢い、長期的な成功者になった人たちは、
与えられた環境を最大限に活かすと同時に、
必ず自腹でも学んでいた。

たとえば、自分が読む本を購入するお金をケチるような人はいなかったし、
あえて会社を休職し、自腹で留学する人たちも大勢いた。
私の知る限り、社費で海外留学させてもらった人材に当たり外れがあったのに対し、
自腹で海外留学をした人材に、外れは一人もいなかった。

自腹で海外留学をした人たちは学習意欲が違う、とよく聞くが、
周囲を見てきた私の1次情報としては、
留学時に増して、卒業後の貪欲さがまるで違うように感じた。

もちろんそれは良い意味で、成長への貪欲さであり、

まるで別人のように果敢にチャンスを摑むようになっていたものだ。

それもそのはずで、自腹で海外の名門私立大学に留学しようと思ったら、たとえ医学部ではない普通の学部で学ぶためであっても、年間授業料だけで軽く数百万円かかるのだから。

だから日本の大学と違い、教授が安易に休講しようものなら、学生たちからクレームが発生する。

私はこれこそが自腹で学ぶ強さだと思っている。

本書冒頭に書いたように、
私は大学時代に本代に1000万円以上費やしてきた。
だがその金額の意味が本当に理解できたのは、
学生時代ではなく社会人になってからである。
本を読んで得た知恵を最大限活かそうと、私は仕事に一生懸命打ち込んだ。

身につく勉強をするコツは、自分の財布のお金で学ぶこと。

転職先の経営コンサルティング会社に勤務していた頃は、
本で得た知識が大いに役立ち、
投資したお金が仕事の成果となって、ブーメランのように何度も還ってきた。
ここだけの話、笑いが止まらなかった。

独立後の私は１００％自腹で勉強しているが、
ここでも自腹で学ぶことが最高の学習モチベーションになっている。

断言していいが、勉強代にお金を使うとダントツで効率がいい。

18

会社の利益が出たら、会社で豪遊するのではなく、お客様に還元する。

私はこれまで、経営コンサルタントとして、様々な組織の内部に入り込み、第三者として観察させてもらった。それらの経験を通して、こんな事実が浮き彫りになってきた。

長期的に継続する組織というのは、大きな利益が出た場合、必ずお客様に還元していた。

これはお客様にキャッシュバックするというような単純な意味ではなく、お客様により質の高いサービスを提供するため、投資として使っていたのだ。

出過ぎた利益はお客様に還元するというのはこういうことなのだと、
私は理論ではなく生の1次情報として教わったのだ。

それに対して、長期的な存続が許されなかった組織では、
大きく利益が出ると狂喜して、たちまち社内で山分けしていた。
社員に分不相応なボーナスを弾んで、全社員揃って海外で豪遊していた会社もある。
ここではとても書けない、週刊誌に知れたら記者が取材に飛んでくるような、
とんでもない利益の使い方をしている会社もあった。
原則として、法律に触れてさえいなければ、出た利益を何に使うかは組織の自由だ。
だが私は、

お金の使い方が自由だからこそ、
かえって組織の本性が露呈される、

という事実を知り、「自由ほど怖いものはない」と思ったものだ。

暴利を貪って豪遊していた組織はみな、その後数年もすると風向きが怪しくなり、見るも無残に落ちぶれてしまった。

そして、そういう組織というのは概してお金でしか人が動かない。

しかも人の欲望には上限がないから、全員が揃いも揃って、どんどん欲深くなる。

そのため、どこか人間関係がギクシャクして、必然的に内部告発も多くなり、明るみに出た途端、そのまま世間から抹殺されてしまう可能性が高いというわけだ。


これとは反対の、存続している組織だって、ボーナスが弾んでもらえることは多少あるし、普段よりもちょっと贅沢な社員旅行をプレゼントしてもらえることもある。

ただしそれは、あくまでもお客様に還元した後での話である。


長い目で見ると、お客様に還元したほうが、たくさんのお金となって還ってくる。

利益を独占する会社でなく、利益を還元する会社で働こう。

そして結局、会社も儲かり、社員たちも潤うというわけだ。
こうした自然の摂理を知っておくだけで、
あなたは危機を察知して、短期的な存在に終わる集団から逃げ出したり、
長期的に存続できる集団に入ったりすることができる。
利益が出過ぎたということは、
お客様からもらい過ぎたということに他ならないのだ。

19 非礼があったら、菓子折りより仕事を発注させていただく。

相も変わらず、連日のように謝罪のシーンが、テレビやネットのニュースを賑わせている。

あなたも一度くらいは、仕事で取引先に迷惑をかけたことがあるだろう。

それも、「すみませんでした」と謝って済むようなレベルではなく、どんなに平身低頭に詫びても足りないくらいの多大な迷惑をかけた失敗の体験だ。

そうして謝罪の際に、菓子折りを持参する人がいる。

菓子折りを持参してくる人は、今時珍しく礼儀正しい人であり、

そうでない人より遥かに好感が持てる。
少なくとも私は、そういう人たちを評価したい。

だが本当に非礼を詫びたいのなら、
その取引先に、仕事を発注させていただくことである。
本来なら相手の損失に見合うお金を払うべきだが、
それだとさすがに露骨過ぎるから、綺麗な形で弁償するのである。
現実問題として、相手にとって数万円程度の謝罪金をもらうよりも、
何か仕事を発注してもらったほうがたくさんお金は入るし、嬉しいものだ。

ちなみに「非礼」とは、
「失礼」や「無礼」より相手にかけた迷惑の度合いは上で、
頂点レベルの迷惑のことだ。
相手に迷惑をかけた度合いの序列は、非礼＞無礼＞失礼となり非礼の罪が一番重い。

私もこれまでに数々の非礼をやらかしたし、
人・場所・時を変えてそれらがブーメランとして還ってきたこともある。

失礼とは、「ごめんなさい」で許されるような小さなミスであり、
無礼とは、「このたびは、大変申しわけございませんでした」と、
菓子折りを持参して深々と頭を下げるような大きなミスである。
そして非礼とは、謝らなければならないのは当然だが、
謝って許されるような問題ではないような致命的なミスのことである。
綺麗事を抜きにして、
非礼を放っておくと、相手の恨みは一生消えることがない。
たいていの場合は絶縁に終わり、
秘密裏に完全犯罪として復讐されることもある。
最悪の場合、殺人沙汰にまで発展することは、

連日のニュースを見ていればわかるだろう。
そうした負の連鎖を断ち切るためには、
相手に納得して許してもらうことだ。
その一例として、相手に仕事を発注するという行為は非常に有効だと私は学んだ。
こうしてお金を使えば、相手との絆《きずな》が深まることもあり、
反省の心も失われない。

相手に心から謝りたければ、お詫びの後に「仕事の発注」で誠意を見せよう。

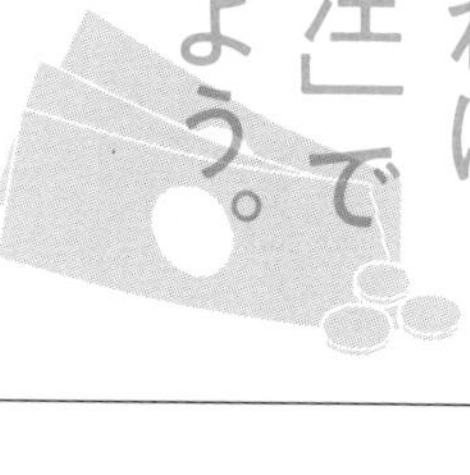

20

「お金の問題じゃない！」と叫んでいる相手は、お金で静かになる。

私は経営コンサルタント時代に、様々なクレーム解決策を顧問先に提案してきた。
クレームについて、あなたにぜひ知っておいてもらいたいのは、
クレームを発しているお客様の側に全面的に非がある、という事態は99%あり得ないということだ。
最初から因縁をつけてくるのが目的の、筋金入りの悪人は1%もいない。
第三者として客観的に、クレームが発生する原因を分析してみると、
やはり、店側のサービスや対応に問題があって、

それがクレームのきっかけになっていることが大半だった。
最初に挨拶がなかったり、言葉遣いがなっていなかったり、
お客様の話を聞く姿勢がなっていなかったりと、
こうしたことがすべて有機的に繋がって、クレームに発展していたものだ。
つまりクレームが発生した場合、その原因は、
お客様が叫んでいる内容とは別のところにあることがほとんどなのだ。
お客様はそのクレームを盾に取って、別のことを謝らせたいから叫んでいるのだ。

こういうことを知らないと、いくら謝ってもお客様の怒りはおさまらない。
たとえば「お金の問題じゃない！」と叫んでいる相手に対して、
本当にお金の問題ではないと信じると、後々話がこじれて、
とんでもないことになる。
自分の本音をストレートに言うことができるのは、
幼い子どもか、または本当に成熟した一部の大人だけである。

そして残りの大半の大人たちは、本音とは逆のことを口走るものだ。

「お金の問題じゃない！」と叫んでいる人は、本当は、お金を問題にして叫んでいる。

本当はお金の問題なのに、鈍感なあなたがいつまでも気づいてくれないために、つい「お金」というキーワードを自分から口走ってしまったのだ。

こういう場合は相手が疲れて静かになるまで平身低頭して話を聞き続け、最後にこう言うのだ。

「○○様にはお金の問題ではないと思いますが、良い知恵が浮かばない弊社としましてはお金でしか解決できません。恐縮ですが、こちらでお許しいただけないでしょうか？」

謝罪は肩に力を込めて縮こまりながら、小さく叫ぶように伝えるのがコツである。

すると最初からお金の問題と思っていた相手の興奮はおさまり、プライドを保つため、「仕方ないな」とお決まりの捨て台詞を吐き、めでたく一件落着だ。

繰り返すが、お金というのは力だから、上手に使えば強力な武器になる。

お金で解決できることがあれば、さっさとお金で解決して、豊かな時間を手に入れればいいのだ。

099

クレーム対応は、相手の言葉の裏にある「欲望」に真摯に耳を傾ける。

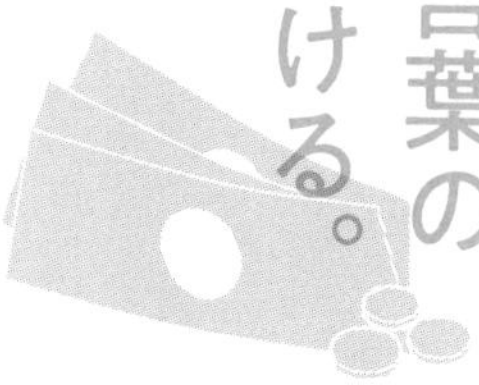

21 資本主義というゲームでは、ある水準を超えると落ちにくくなる。

資本主義の仕組みで面白いのは、

本人の実績が「ある水準」を一度超えると、その後もお金に勢いがついて途切れることなく入り続ける

というものだ。

もちろん永遠に続く仕組みではないが、

そもそも、この世に永遠に継続するものなど何一つ存在しない。

少なくとも人の人生1回分くらいは継続し得る仕組みである。

たとえば世界の大富豪たちで考えるとわかりやすいのだが、彼らの資産は毎年どんどん増え続けている。

毎年莫大な金額をあちこちに寄付しているのに、資産総額は毎年記録を更新し続けている。

お金がお金を呼び、幸運が幸運を呼んでいるのだ。

さて、それではそのお金の勢いをどのように活用し、伸長させていけばいいのだろうか。

世界の大富豪とまではいかなくても、

その道の第一線で活躍しているプロたちは、

「ある水準」を超えた後、余程道を踏み外さない限り、

それなりの収入を維持できている。

サラリーマン時代の私は、これを自分の仕事に当てはめて検証してみた。
「ある水準」を超えるというレベルは業種・業界によって様々だが、
私が経験した仕事でいえば、某業界紙のトップ3紙で、
丸ごと1ページの連載記事の執筆を担当したことがそれに当たる。
この「ある水準」を超えるため、

私は勉強のためにできる限りのお金を使い、
その費用を回収するために
できる限りのアウトプットを行った。

そして、この執筆をきっかけに、
当時の業界の幹部たちに私の名前が一通り知れ渡り、
私のもとに業界内の多数の会社から経営相談が殺到した。

一度こうした勢いを作ったところ、その後多少の浮き沈みはあるものの、仕事がなくて困るという事態はなくなったのだ。

独立後の文筆の仕事でもこれは同じで、
大学時代に私淑していた作家の本を読んだところ、
「職業作家として生きていけるのは、50冊を超えてから」
と書いてあった。
その瞬間、私は全身の細胞にスイッチが入った。
出版された本が50冊を超えることが
「ある水準」を超えることだと確信したのだ。
50冊も本を出し続けるためには、できるだけ初期の段階で、
マーケットに影響力を発揮するベストセラーを叩き出しておく必要がある。
すべてを逆算していくと、

デビュー作は増刷をかけなければならない、ということもわかった。
そうしなければ2冊目に繋がらないからだ。
そして、
できれば10冊目まで、遅くとも15冊目までに、
ベストセラーと呼ばれる本を世に出せば、
5年以内に50冊の本を出せる
と算出した。
デビュー後5年以内に50冊の本を出せれば、
全国主要書店の書棚に自分の名前のインデックスプレートが入り始め、
それがまた継続的な宣伝効果になるのである。

以上が文筆の仕事で「ある水準を超える」ことだと直感し、
私はすべてを現実化した。

そしてその後は、
まるでポンプがひとりでに水を吸い出すように勢いづいて、
私の著作数は伸長していったのである。

あなたにもぜひ、自分の勝負の土俵で「ある水準」を見つけ、
それを何としても超えてもらいたい。

「ある水準」を超えれば、
お金はひとりでに増えていく。
今が頑張りどころだ。

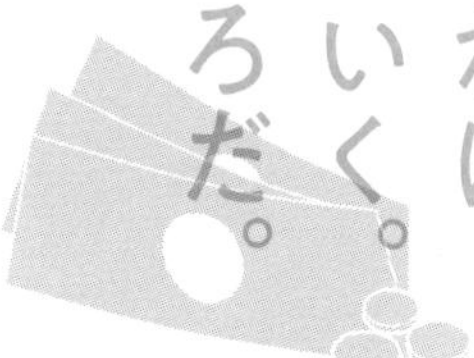

仕事で稼いだお金は、
仕事に還す。

CHAPTER

3

時間を最大化する、お金の使い方。

Money for your Glorious Life.

22 移動中は勉強ができるように工夫を凝らす。

通勤時間や出張の移動中は、勉強をするのに最適な場所である。
満員電車の中で本を読むのは確かに難しいかもしれないが、
音声なら聴くことができる。
すでにオーディオブックは私たちの生活に浸透し、
本以外で勉強できる機会も増えた。
私も「真夜中の雑談」という音声ダウンロードサービスをやっているが、
リスナーから届くメールの多くに、
毎日、往復の通勤電車や車の中で繰り返し聴いていると書いてある。

1回分が約45分なのだが、あっという間に目的地に到着するとのことだ。
近年、かなり精度のいいワイヤレスのヘッドホンやイヤホンが発売されているので、私も購入し、その愛用者の一人になった。
ケーブルや本体から離れ、筋トレや掃除をしながら耳で学習し続けられるため、大変重宝している。

もはやワイヤレスヘッドホンなしでは、勉強や仕事に支障が出ると言っても過言ではない。

これを購入したことは、私にとって極めて充実した投資となった。

さて、新幹線や飛行機に搭乗し、ある程度まとまった時間を確保できる場合には、現在の私は読書をすることが多いが、
サラリーマン時代はパソコンを開いて仕事にも没頭していた。
もちろん疲れている時には存分に熟睡すればいいし、実際に私もそうしてきたが、

何もしないでボーッとしている時間というのはもったいない。

ボーッとしているくらいなら、Ｎｅｔｆｌｉｘや ＤＶＤで映画を見たほうがいい。

そうすれば楽しく時間を過ごせる上に、
映画は教養としてあなたの頭の中に蓄積されるし、
目的地に到着後、誰かにその内容を話して幸せを共有することも可能である。
私の経営コンサルタント時代は、移動中に見た映画や読んだ小説を、
そのまま顧問先の会議や講演のネタにしたものだ。
冒頭から畏《かしこ》まった挨拶をするよりは、
自分がつい先ほど楽しんだ新鮮な話をしたほうが聞き手も喜んでくれたものだ。

私の周囲で、独学をもとに英語を話せるようになった人たちが必ずやっていたのは、
仕事の移動中、いつも必ず英会話の音声を聴き続けていたことだった。

人生を変えたければ移動時間に勉強しよう。道具はケチらないことだ。

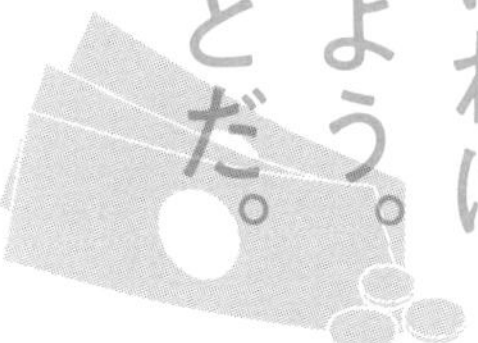

そもそも、移動時間は人生において膨大な時間として蓄積される。

膨大な移動時間に、地道な独学の積み重ねができるかどうか。
それが大きな差として顕《あらわ》れる。

人生の移動時間のすべてを勉強と仕事に充てさえすれば、
確実にあなたの人生は変わる。

充実した移動時間を確保するための座席代、教材代、道具代は、
もちろんケチらないことだ。

23 特別座席料金は、快適さの保険料である。

飛行機や新幹線には通常、普通席以外に特別座席が設けられている。
追加料金を払うことで、椅子の質が向上し、スペースがやや広くなる。
座席スペースが広くなれば、
足を伸ばしてリラックスできることは間違いないだろう。
だが、椅子の質が上がったり、10㎝ほど座席の幅が広くなるだけにしては、
追加料金がちょっと高過ぎる気もする。

ではなぜ、乗客たちは特別座席にわざわざ料金を支払うのか。

それは、快適さのためである。

特別座席とそうでない座席では、快適な時間を過ごすことができる〝確率〟が違う。
これはあなたも両方試してみれば必ずわかることだ。

まず、特別座席は空気が違うはずだ。
一般に普通の座席が混雑していて賑やかなのに対し、
特別座席は優雅で静粛な空間だ。
普通席の車両がともすると愚痴・悪口・噂《うわさ》話で溢れがちなのに対して、
特別座席は仕事・読書・休息のいずれかに集中している。
繰り返すが、これはあくまで〝確率〟の問題である。
何回も特別座席を利用していれば、ごく稀に、騒がしいグループに囲まれたり、
マナー違反もはなはだしいような乗客に遭遇することもある。
しかし、普通の座席と比べればその確率は桁違いに低いはずだ。

その確率に対しての保険料が特別座席料金なのだ。

私はサラリーマン時代の途中から、自腹で上乗せしてでも特別座席に座り続けた。

なぜなら長期的な成功者たちから、
「一度乗ってみれば安いとわかるよ」と異口同音に教わっていたからだ。
そして何度か乗るうちに、その意味がよく理解できた。

実際は、快適さに積極的にお金を払うというよりも、
不快感を抱かないで済むためにお金を払っているという感覚に近いかもしれない。
不快感を抱かない状態こそが快適な状態であり、
これは当たり前に得られるものではないことを実感した。
そして何かの間違いで普通座席に紛れ込むと、強い違和感を抱くようになった。
まるで居酒屋で他人の靴を履き間違えた時の、あの何とも言えない感じに似ていた。

**この違和感にエネルギーを奪われず、
自分の仕事に全身全霊で集中するために、
成功者たちは特別席を確保していたのだ。**

また、これはほんのおまけだが、有名経営者を見かけて刺激を受けたりもした。
知人のエグゼクティブとも何度も出くわして、
わざわざ向こうから声をかけてくれることなどもよく経験した。
特別座席にお金を使うことは、このように決して無駄な行為ではないのだ。

結果を出す人は、「不快にならない環境」を確保するためのお金を惜しまない。

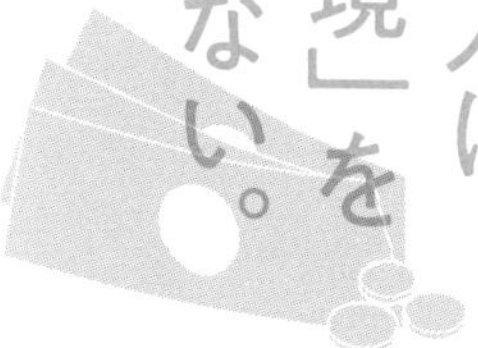

24 職住近接、職住一致を実現させると、収入がアップする。

移動時間を勉強や仕事に充てる話はすでに述べた通りだが、
私自身が経験したさらなる飛躍のきっかけは、「職住近接」と「職住一致」である。
まず、サラリーマン時代に職住近接を試してみたところ、効果てきめんだった。
会社まで自転車で1分の場所に住んでいたのだが、
何よりも大きかったのは、妥協なき睡眠が確保できたことだった。
妥協なき睡眠を確保できたことで、全身の細胞に栄養が行き渡り、
生命力が漲《みなぎ》ってくるのがわかった。

ハッキリ言って妥協なき睡眠が確保できたら、人生は勝ちだ。睡眠を充実させれば、何もかもが上手く運ぶのだ。

自転車で1分の場所に住んでいると、
終電時間を気にせずに好きなだけ仕事ができて、朝もゆっくり寝ていられる。

次に私が実現させたのは、究極の職住近接ならぬ、職住一致である。
職住一致とは通勤時間がゼロであり、自宅が自分の仕事場になることである。

「自宅が仕事場になるなんて、気分の切り替えができない」と言う人がいるが、それは嫌いなことを仕事にしているからだ。

好きなことを仕事にしていると、人生すべてが好きなことで埋め尽くされる。
だから気分転換は不要なのだ。
先日ある有名な漫画家のインタビューを動画で見たのだが、
「寝たい時に寝て、起きたい時に起きる人生」について、実に幸せそうな顔で語っていた。
私はまさに彼と同じ生活をしているため、その気持ちが本当によくわかる。

私がサラリーマン時代に職住近接にした時、
会社が都会だったから家賃は高かった。
だが年収はそれ以上に上がったため、家賃などもはや関係なくなった。
さらに独立してから職住一致にした時、家賃は倍以上に跳ね上がった。
だが年収はさらに跳ね上がったため、家賃などもはや関係なくなった。

職住近接、職住一致と段階を上がるごとに、
収入はどんどんアップしていくのだ。

その理由は、やはり妥協なき睡眠の確保がすべての源となっていると、
私は確信している。
起きている時間を最大限に活用したければ、睡眠の質を高めるしかない。

睡眠の質を高めるためには、どれだけお金を使っても無駄にならない。
なぜなら睡眠の質を高めるために投資したお金は、
良質な睡眠で仕事の質が飛躍的に向上して、桁違いの額になって還ってくるからだ。

仕事の質を上げたければ、睡眠時間の確保と質向上のため、お金を投資しよう。

25
二流ホテルのセミスイートより、一流ホテルのデラックスルーム。

普通のサラリーマンが出張の際、一流ホテルに宿泊するのはなかなか難しいが、プライベートであれば十分に可能だろう。

その際に素敵な時間を過ごすため、ぜひ知っておいてもらいたいことがある。

それは、二流ホテルでセミスイートなど高級な部屋に宿泊するよりも、一流ホテルで、そこからややランクが落ちるデラックスルームに宿泊するほうが、断然お得である、

という事実である。

両者の値段は大差ないか、むしろ二流ホテルのセミスイートのほうが高いくらいだ。
そして二流ホテルのセミスイートのほうが部屋は広いことが多い。
しかし私は、仮に部屋が多少狭くても、
一流ホテルのデラックスルームを推したい。
なぜなら一流ホテルのデラックスルームのほうが学ぶことが遥かに多いからである。

奮発して二流ホテルのセミスイートに宿泊したところで、
スタッフのサービスもそれなりだ。
あなたに対しておもてなしをするのはあくまでもスタッフなのだから、
ホテルで快適な時間を過ごしたければ、
スタッフの質にこだわる必要がある。
一流ホテルと二流ホテルでは採用の段階ですでに難易度が違うし、
ホテル業界は転職が当たり前の世界だから、

一流ホテルになるほど、実力派の優秀な人材が中途採用で集うものだ。

フロントの洗練された対応、シェフの技術、ドアパーソンの頭の良さ、支配人の感じの良さ、マネージャーのスタッフへの教育など、何もかもが違う。

ついでに言っておくと、喫茶ラウンジで出されるティーカップやプレート、ソファーも上質であり、何もかもが勉強になる。

これは私がサラリーマン時代に膨大な数のホテルに宿泊し、数多くのホテル従業員を観察してきた経験から言っていることだから間違いない。


以上はホテルに限った話ではない。

腕時計でも二流ブランドの高性能な時計より、一流ブランドのシンプルな三針時計のほうが明らかに価値は上だ。

もし同じお金を払うのであれば、二流や三流ブランドの高額商品に払うのではなく、一流ブランドの最下ランク商品に払ったほうが、あなたの時間は確実に豊かになる。

確かに高いお金を払えば、
いいサービスを受けられる確率は上がる。
だが、どうせ同じ高いお金を払うのであれば、
そこからさらに〝質〟にこだわりたい。

その場合、注目すべきは「二流の上」より「一流の下」なのだ。
お金を無自覚に使うことなく、何に、どう使うかを熟考することにより、
あなたの人生の充実度はまるで違ってくるのである。

「一流」にこだわって、
価値あるお金の使い方を学んでいこう。

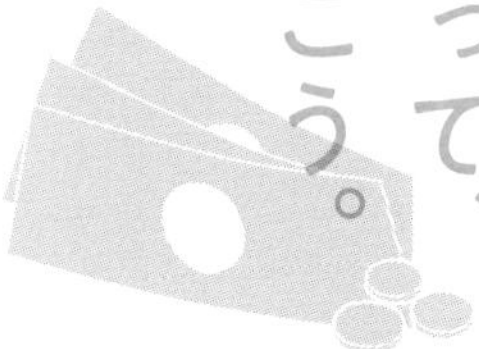

26 時計はやっぱり、アナログがいい。

私がこれまでに出逢ってきた、抜群に仕事ができる人たちが着けていた時計は、デジタル式ではなく、アナログ式が圧倒的に多かった。
携帯電話が普及して腕時計を所有しない人は珍しくなくなったが、できる人たちの携帯の待ち受け画面も、アナログ式にビジュアル設定してあることが多い。

なぜ、できる人はアナログ式を好むのだろうか。

それはデジタル式よりもアナログ式のほうが、

一瞬で時間を把握できるからである。

たとえば、制限時間が定まっている試験や仕事の場合、
デジタル式だと、いちいち残り時間を頭の中で足し引きしなければならない。
もちろん、そんなものは誰にでもできる平易な計算には違いない。
しかしそれを何度も繰り返すと、精神的、肉体的に小さなロスが蓄積される。
細かい神経を使い体力を消耗してしまうから、
無意識のうちに疲労が溜まってしまうのだ。
あなたが気づかないだけで、それらの疲労の蓄積が判断を狂わせて、
無視できないほどのチャンスを失っている可能性もあるのだ。

これがアナログ式だと、どうなるか。
いちいち計算するまでもなく、
一瞥《いちべつ》して時間を把握することができる。

左脳で計算する必要はなく、視覚によって右脳で把握できるからだ。
もちろんこれは腕時計だけではなく、置き時計や掛け時計でも同じことである。
きちんとした会社は、必ずアナログ式の置き時計や掛け時計だ。
しかも、お客様に見える位置にきちんと設置してある。

時間の表示に気を配る会社は当然だが時間に厳しく、
その厳しさの根底には、
お互いの寿命を大切にしようという愛が流れているのである。

時計に関するエピソードを付け加えると、私は経営コンサルタント時代に、
顧問先にこんな提案をして改善してもらったことがある。
その会社は、置き時計も掛け時計もすべてがデジタル式で揃えられており、
社長も従業員もデジタル式の腕時計で、
携帯電話の時計もデジタルモードに設定していた。

その会社は社長も従業員も遅刻魔で、もちろん会社の業績も最悪だった。
日々遅刻するのだから、遅刻の蓄積で年間の売上も達成できないのは当然だ。
そこで私は社内のデジタル式時計を一掃してもらい、
アナログ式に買い替えてもらった。
嘘のような話だが、そうして時計をすべて買い替えた時期を境にして、
全社員の遅刻も激減し、業績も急上昇し始めたのだ。

仕事の能率を上げたいなら、頭脳の回転をサポートするアナログ時計を買おう。

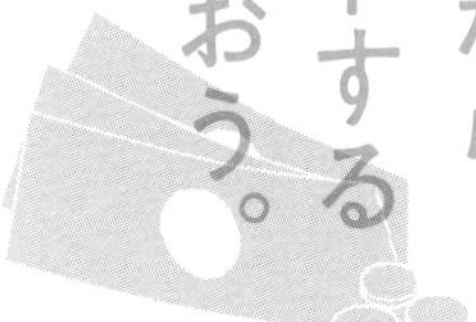

27 「このラインを超えたら断る」と決めておくと、無駄な時間が削減できる。

世界の大富豪たちの共通点は、常軌を逸するほどに時間を大切にすることである。
世界一の投資王ウォーレン・バフェットは、
商談中に「これはないいな」と感じた途端、
たとえ相手が話している途中であっても、ズバリ断って席を立つ。
私がこれまで出逢ってきた長期的な成功者たちも、これは同じだった。

長期的な成功者たちは、
「このラインを超えたら断る」という独自の基準を持っていた。

基準は人によってバラバラだったが、たとえば以下のようなものがあった。

約束の時間に無断遅刻してきた相手は問答無用で、断る。
挨拶が気持ち良くない相手は、断る。
初対面でわずか数分以内に少しでも自分を不快にさせた相手は、断る。
ギラギラファッションの相手は、断る。
自分の主張ばかり押し付けてきて一切譲歩しない相手は、断る。
自分が扱いにくいと感じた相手は、断る。
問い合わせに対して平日24時間以内に返信がない相手は、断る。
中には「それはちょっと厳し過ぎるのでは?」と感じる基準もあったが、
理由を聞くと、

「時間は命の断片であり、
その時間を一緒に共有したくない相手とは関わりたくない」

という点が一致していた。

不快な相手と仕事をしないのはもちろんのこと、メールのやり取りをしたり、同じ空間で呼吸したりすることさえ、寿命の無駄遣いだと彼らは考えていたのだ。

以上を見習い私自身も、

「このラインを超えたら断る」と決めている基準がいくつかある。


二度続けて無断遅刻した相手は、断る。

二度続けて口約束を破った相手は、断る。

自分から会っておいてお礼状やメールが届かない相手は、断る。

取材・インタビューの依頼をしておきながら、

「今まで本を何冊出されているのですか？」と聞く相手は、断る。

値切り交渉は、断る。


私の場合、私の価値を理解していない相手との仕事は、

すべて断るようにしている。

なぜなら、私の価値を理解していない相手と仕事をしても上手くいかない、ということはすでに実証済みだし、関わる人すべてにとって寿命の無駄遣いだからである。

あなたもあなたの価値を理解できる相手とだけ生きれば、必ず幸せになることができる。

あなたの貴重な時間とお金を使う価値がある相手とだけ付き合おう。

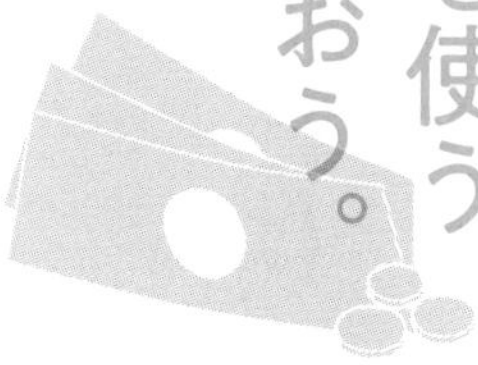

28 長期的なお付き合いをしたい相手には、10年後にばれる嘘をつかない。

私がサラリーマン時代からずっと貫いてきた仕事のスタンスがある。それは、お互い10年後に後悔しなくてもいいような提案をお客様にすることだった。

換言すれば、10年後にばれるような嘘をつかない、ということだ。
もう少し具体的に説明しよう。
プロとして私が提案したことがもし嘘だったら、

その嘘は確実に10年以内に相手にばれる。
これは、金融商品で考えるとわかりやすい。
金融商品の販売員は、お客様が得をする商品ではなく、
自分や会社が儲かるサービスをお客様に販売したがる傾向が強い。
当たり前といえば当たり前かもしれないが、
その後にお客様がインターネットで知識をつけたり、
知人の同業者に知恵を吹き込まれたりしたら、
数年後には詳しくなって、確実に言い包《くる》めた事実がばれるだろう。
この時の怒りは計り知れず、必ず周囲の知人に言いふらすに違いない。

業界全体でこうした営業をしていれば、
10年も待たずして「詐欺集団」とレッテルを貼られ、
世間全体を敵に回すことになる。
現に、こうして世間からバッシングを受けて、

業界の各社が次々に国から業務停止命令を下された事件もあるのだ。

私は仕事でもプライベートでも、どうせなら長期的に付き合いたいと考えている。


長期的に付き合いたければ、長期的に信用され続けなければならない。

長期的に信用され続けると、それが信頼となって、「千田の言うことなら間違いない」と顔パス状態になるわけだ。


そのためには、すぐにばれる嘘をつかないのはもちろんのこと、10年後にばれる嘘こそ絶対につかない、と心に決めることが大切だ。

10年後にばれる嘘は、今、耳にした時にどこか魅力的に響く「うまい話」が多い。

だからそうした嘘をつかないと人の関心を引きにくく、今は儲からないかもしれない。

だが、今の嘘のために10年後の未来を捨てる場合、想像を絶するほどダメージが大きい。

あらかじめ失うことがわかっている人望の負債を抱えながら、その利子をどんどん膨らませて生きていくようなものだからである。

人望の負債の利子は複利であり、10年後には途轍もない大きな恨みとなって、あなたの人生にそのまま降りかかってくる。

人もお金も目先の利益だけではなく、長期的な視野で付き合うことが大切なのだ。

今、この時を誠実に生きることで、10年後の成功が手に入る。

29

移動手段は、臨機応変に使い分ける。

収入に余裕が出てくると、移動の際にタクシーを使う機会が増える。
次第に電車やバスに乗るのが億劫になり、
いつの間にか、それらの選択肢を忘れてしまう。
あなたもこうして本を読んで勉強しているくらいだから、
いずれ成功して、その気持ちがよくわかる瞬間が訪れるはずだ。
そんなあなたに今から知っておいてもらいたいのは、

必ずしも、タクシーが一番便利な移動手段とは限らない

という事実である。

私には年間100万円以上をかけてタクシーを利用していた時期もあったが、今では電車・バスとの併用で、より充実した人生を送っている。

特にタクシーは渋滞に巻き込まれる可能性もあり、思わぬ遅刻をしてしまうことがある。

さらに、これから大切な仕事に向かう時、万が一、感じの悪い運転手に出くわしてしまえば、集中力を乱されて、仕事の内容にも悪影響を与えかねないだろう。


「タクシーで移動中に仕事してパフォーマンスを上げろ」

「自動車を所有する年間費用より、タクシー移動の年間費用のほうが安い」

右のように、ビジネス書ではタクシーの重要性が説かれる記述が多く見られるが、時間と場所によっては、電車やバスを利用したほうがずっと早く到着し、平日の昼間にはガラガラに空いているから優雅な気持ちで座れることも多い。

これはかなりマニアックな話になるが、
電車やバスの椅子や背もたれ等の設備には、
タクシーのそれらと比較して桁違いに高価なものが使用されている。
電車やバスが公共のものである以上、耐用性も考慮されており、
想像以上に、優良な素材が惜しみなく使われているのだ。
もちろん、電車やバスにもマナーの悪い人たちがいるかもしれないが、
その場合は、サッと席を離れたり、車両を替えたりすれば即時に解決できるだろう。

何やらタクシーより電車やバスのほうが絶対におススメだと述べているようだが、
断じてそんなことはないし、時と場合で使い分ければいい。
雨の日、暑い日、寒い日、駅まで歩くのが面倒な時、
疲れている時、道が混んでいない時などは、
積極的にタクシーを利用するほうが快適だし、私もそうしている。
ただし、正確な時間に到着しなければならない時や道が混雑している時には、

タクシーではどこか心配だということである。

あなたが何かのプロとして行動したいなら、
0・1%の可能性でも遅刻しない移動手段を選ぶべきだ。

私は今でも仕事で約束の時間に決められた場所に向かう際は、ある程度時間にゆとりがない限り、タクシーは使わないようにしている。

交通手段は金額に関係なく臨機応変に使い分け、あなたの人生の時間を豊かにしよう。

お金の使い方は、時と場合により変化する。臨機応変に対応することが重要だ。

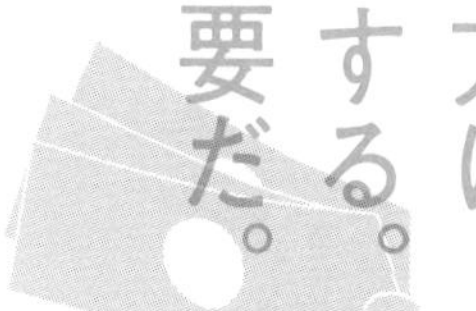

時間を大切にする人に、
お金は集まってくる。

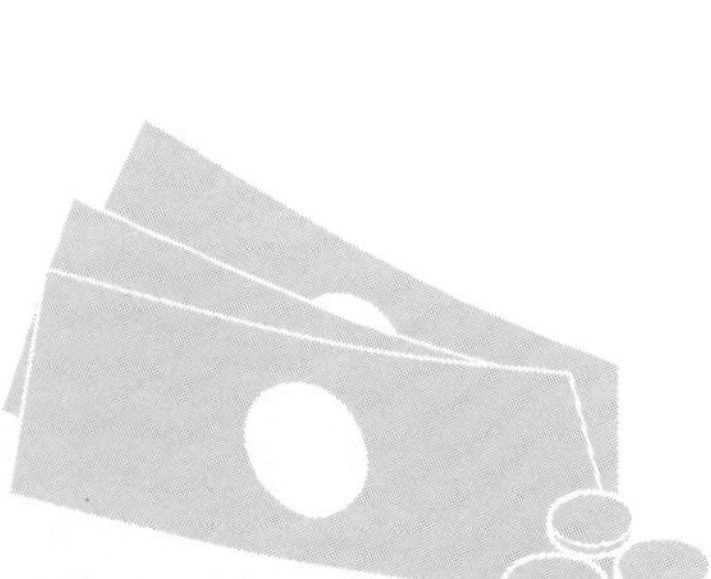

CHAPTER

4

「人間関係を最大化する、お金の使い方。」

Money for your Glorious Life.

30 「この人においしいものを食べさせてあげたい」と感じない相手から買わない。

ネットでほとんどすべてのサービスが入手できるようになったとはいえ、いまだにリアル店舗を利用して買い物をする人は多いだろう。

その際にぜひ、あなたに心がけてもらいたいことがある。

それは、好きな店員からしか買わないようにすることだ。


「この買い物で、この人の成績を上げて、おいしいものを食べさせてあげたい」と感じない相手からは、買わないことだ。

笑い事ではなく、これは良好な人間関係を築く上でとても大切な習慣である。
もしあなたがブランドショップで高い買い物をしたら、
たとえ店員の感じが悪くても、
あなたの買い物は接客した店員の成績にカウントされて、
その人の給料がいくらか増えるのだ。

誠にいやらしい話と思うかもしれないが、
こういうお金の流れから目を逸《そ》らしていては、
主体的な人間関係を築くことはできない。
私がこれまでに出逢ってきた長期的な成功者たちは、
たとえコンビニでお茶を購入する場合でも、
礼儀正しそうな、感じのいい店員を選んでそのレジに並ぼうとしたものだ。
立ち食いそばを食べる際にも、
お気に入りの店員がいない時には店に入らないという人もいた。

コンビニや立ち食いそばでさえそうなのだから、
仕事の取引先の選び方となれば、もっと人で選んでいるということに他ならない。
自分が納得できる人間関係を築かずに、いい仕事などできないし、
納得できる成果を手に入れることには程遠い、ということだろう。

彼らと長時間付き合っているうち、私にもこうした習慣が感染したらしく、
取引相手を人の良し悪しで選ぶようになった。
私はピザのデリバリーや宅配業者でも、不快な担当者だったら、
本部に直訴して担当者を替えてもらう。
実際に某大企業の社長なども、郵便局の担当者の対応が悪かったということで、
本部に電話して厳しいクレームを伝えていた。
郵便局は他業種と違って、サービスが嫌だからと依頼先を替えるわけにいかないが、
もし他社でも郵便事業をやっていたら、

そんな面倒なことをしないで間髪を容れず取引先を替えていたとのことだ。
あなたがお金を払うのは、あなたの好きな相手にだけでいい。
こうした極めて当然と言えるポリシーを徹底できるかどうかで、
あなたの威厳が決まる。
強さのない優しさでは単に弱いだけの関係ができあがり、
結局、舐められるだけの関係に終わる。
優しさだけでは、本当の人間関係は築けないのだ。

納得いく人生を送りたいなら、大切なお金は誠実な相手に支払うこと。

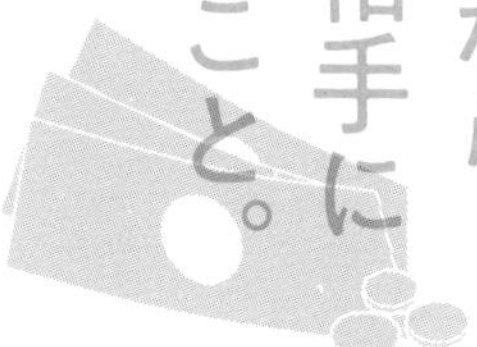

31 ものをプレゼントするより、知恵をプレゼントする。

あなたは人にプレゼントをすることが好きだろうか。
人にプレゼントをするという行為自体は素晴らしいことであり、私はぜひ継続してもらいたいと思う。

だが、プレゼントには注意点がいくつかある。

形があってかさばるもの、芸術品、ドン引きするほど高額なものは要注意ということである。

形があってかさばるものは捨てられない上に場所を取り、保管に困ることこの上ない。

芸術品は、もらった手前飾らなければならないというプレッシャーを与え、相手にとって迷惑になることが多い。

また、人それぞれ趣味が違うから、気に入らなければ即アウトで迷惑極まりない。

ドン引きするほど高額なものは相手にプレッシャーを与えて恐縮させ、「これをもらったお前は今後、私の配下だ」というメッセージを伝えてしまう。


あなたは「自分はそんなつもりじゃない！」と否定するかもしれないが、伝えたことが事実ではなく、相手に伝わったことが事実なのだから仕方がない。

私がサラリーマン時代、社内の女性スタッフに高額商品を送ってくるお客様がいた。

誰一人として喜んでいなかったし、逆に困り果てた彼女たちは、「お気持ちだけお受け取りしておきます」と書いたお礼状と一緒に送り返していた。


こうした1次情報を目の当たりにしてきた経験から、プレゼントというのはかなりの知性が試されると気づかされた。

ここで私が習得した、人間関係を豊かにするプレゼントのルールを教えよう。

ルール①としては、**値段よりも頻度が重要**だということである。

高価なプレゼントを1回もらっても、相手は戸惑って感謝の気持ちは生まれにくい。

それよりも、手頃なプレゼントを長期でもらい続けるほうが感謝されるし、プレッシャーも与えないから、関係は長続きする。

ルール②としては、**形として残らないプレゼントを選ぶ**ことである。

芸術品や置物は最悪で、できれば食べてなくなるプレゼントがいいだろう。

中でも、形の残らないプレゼントの最上級は、知恵である。

私はこれまで土産物を滅多に持参したことはないが、

それでも仕事が途切れずに豊かな人間関係を構築できたのは、

相手に知恵のプレゼントをし続けてきたからだと思う。

プレゼントで効いてくるのは、お金の額でなく知恵の量。

かつてゲーテが弟子のエッカーマンに、
「自分が飛ばす洒落《しゃれ》の一つひとつにも、財布一杯の金貨がかかっている」
と述べたというが、それくらいに知恵とは得難いものである。
まさに知恵こそがプレゼントの頂点なのだ。

32 いい顔をして、与え過ぎてはいけない。

経営コンサルタントを経験して痛感したのは、会社がちょっと儲かったくらいで社員の給料を上げるべきではない、ということだ。

飛ぶ鳥を落とす勢いのベンチャー企業の社長には羽振りが良かった人も多く、彼らはすぐに社員の給料を増やしたりボーナスを弾んだりしていた。

しかしそうした社長たちの成功は概して長続きせず、まもなく経営が悪化して廃業する、というパターンが多かった。

なぜそんなことになるかといえば、
一度給料を上げてもらった社員たちは、
その瞬間には喜んで感謝したりはするものの、
次第にそれが当たり前になり、感謝しなくなるからだ。

いや、それどころか業績が悪くなって給料が下がると、感謝するどころか、
「給料が少ない！」と文句を言ってくる始末である。
たいていの社長はこれで人間不信に陥り、経営者としての自信を喪失する。
そうこうするうちに、従業員たちは、どんどん会社を辞めて社長を困らせる。
これでは会社経営どころか、売上とは何ら関係のない仕事ばかり増えるだけである。
自暴自棄になった社長たちの中には、酒、ギャンブル、異性などに溺れて、
現実逃避する人もいた。
そしてもちろん、そのまま会社経営は傾いて倒産してしまうというわけだ。

以上は会社経営に限らず、人間関係すべてにおいて言えることである。

子どもの教育だろうが、恋愛だろうが、
友情だろうが、家族だろうが、
何でも、いい顔をして与え過ぎてはいけないのだ。

そんなことをしても相手はいずれ感謝しなくなるし、それどころか、
いつか「もっとくれ」と要求するようになり、
あなたを逆恨みするようになるだろう。
どうしてそんなことになるかといえば、
あなたが与え過ぎたのは、決して相手のためなどではなく、
ただ自己満足に浸りたかっただけだからである。

相手があなたに感謝しないのは、相手の責任ではなく、
あなたが単なる自己満足のために相手を利用していただけだったからなのだ。

お金も愛情も、与え過ぎて良い結果を生むことはない。

人間は自分が幸せになると、自然な気持ちから、
その幸せを大切な人と分かち合いたくなる。
それは素晴らしい本能なのだが、だからといって、それに酔ってはいけない。

分かち合うことは尊い行為だが、
相手が感謝する程度のお裾分けがちょうどいい塩梅だ。

相手を過度に甘やかすことが、かえって相手の人生を台無しにしてしまうことは、
みなさんも、よくご存知ではないだろうか。

33 最初は分け前の上限ではなく、下限を教えておく。

人間関係において与え過ぎは厳禁であるとすでに述べたが、ここでさらに、将来あなたがリーダーになった際、極めて重要になるマネジメントのコツを伝えたい。

それは、メンバーみんなで協力して獲得した成果を山分けする際に、上限ではなく、下限を教えておくということである。

そんなことは当たり前だ、と思うことなかれ。

実際に経験すればわかるが、これが結構難しく、なかなかできないものなのだ。

実は私自身も管理職時代、これで痛い目に遭ったことがある。

プロジェクトリーダーとして大型プロジェクトが受注できて、はしゃいでいた私は、メンバーの一人に「今回はこの仕事でこれだけ配分する」と伝えてしまったのだ。

今振り返っても、もう一度上書きしたくなる記憶だが、
それを聞いて安心してしまったそのメンバーは、
私の期待を遥かに下回るアウトプットしかできなかった。
他のメンバーとの兼ね合いもあり、
とてもではないが最初に伝えた配分ができなかった。
彼にそんな配分をしてしまったら、ブーイングの嵐になってしまう。
途轍もなく低いクオリティのアウトプットだったから、
本人も当然納得するのだろうと思っていたが、結果はそうではなかった。
彼は最初に伝えた配分が当然もらえると思っていたらしく、

大変ショックを受けていた。

この件で私は彼に、非常に申しわけないことをしたと深々と頭を下げた。

同時に、人生で二度とこれを繰り返してはならないと強く誓った。

それ以来、私はどんなに浮かれていてもこのような失敗はしなくなった。
仮に、メンバーのモチベーションを上げるために情報の共有化をする場合には、必ず約束できる下限情報を伝えるように徹底してきた。
結果的には、そのほうがメンバーとの信頼関係は長期的に続くし、仕事も随分とやりやすくなったものだ。
考えてみれば、ほとんどの場合は最終的に下限を超えるわけだから、いい意味でメンバーは期待を裏切られて大いに喜んでくれた。

仕事に限らず人生全般において、これは当てはまるだろう。

天国から地獄に落とされれば、
相手は酷く傷ついて恨むものだ。
だが、地獄から天国に上げると、
相手は大いに喜んで感謝するものだ。

報酬が跳ね上がれば
メンバーの士気も大きく跳ね上がる。
伝え方を工夫しよう。

34 いつも得をしなければ気が済まない人は、そのたびに人望を失っている。

経営コンサルタント時代に私が教わったのは、経営で一番大切なことは運の強さであるということだった。


社内外問わず、経営コンサルタントとして一流になればなるほど、運の大切さを唱える人が多かったものだ。

最初の頃の私は頭では理解していたつもりだったが、心では納得できなかった。

もし運が大切であれば、いくら努力しても無意味であり、人生は実に味気ない。

だから経営コンサルタント駆け出しの頃は、
どこか運を受け付けない部分があったのだ。

だがその後、数多くのエグゼクティブや
組織を観察してきた結果として、
運には先天的なものと、後天的なものがあることを知った。

先天的な運は「宿命」とも呼ばれ、その人が授かったものだから変えられない。
裕福な家に生まれれば最初からスタートラインは違うし、
生まれた時代や国によっても、
スタートラインがまるで違ってくるという現実は認めざるを得ないだろう。
綺麗事を抜きにすれば、人はみなスタートラインからして、まるで違っているのだ。
これらをいくらひがんだところで、現実は何も変わらない。
何も変わらないのなら、変えられる部分を変えたほうが賢明な生き方だ。

そこで大切になってくるのが後天的な運である。
これは「運命」とも呼ばれ、
その人の努力次第でいくらでも変えることができる。
では、後天的な運を高めるためにはどうすればいいのか。
重要なことは、後天的な運は人が運んでくるという事実だ。
つまり、あなたの周囲の人たちがあなたに運を運んでくれるのだ。

あなたの周囲の人が、
どうしたらあなたに運を運んでくれるようになるかを考えると、
これまで見えなかったものが見えてくる。
人が運を運びたくなる相手というのは、
いつも自分にちょっと得をさせてくれる人間だ。
換言すれば、自分だけいつも得をしなければ気が済まない人は、
そのたびに人望を失っており、どんどん運が悪くなるというわけだ。

手始めに、割り勘の端数をあなたが支払うと決めるだけで、
後天的な運は上昇していく。

相手にちょっと得をさせ続けると、巡り巡って、あなたの元に還ってくる。

35

「ラクに儲かるおいしい話」を運んできた人とは、二度と会わない。

運は人が運んでくるという話はすでに述べた通りだが、
現実の世界では、どれほどあなたが運を高めても、
たった一人の詐欺師と関わったために
人生を台無しにされることがある。
これは、これまであなたがいくら規則正しい生活をして、
良質な食事をしてきたとしても、
たった一滴の猛毒を体内に入れただけで死に至ることがあるのと同じである。

誠に残念なことだが、
これまで私が出逢ってきたエグゼクティブやビジネスパーソンにも、
たった一人と関わっただけで人生を棒に振った人が複数いる。
そのたびに、私は悔しい気持ちで一杯になったが、
そんな気持ちになる一方で、経営コンサルタントとして分析だけは欠かさなかった。
いったいなぜ、人格が高く、努力も惜しまなかった彼らが、
こんな目に遭わなければならなかったのだろうか。

それは「ラクに儲かるおいしい話」に耳を傾け、その世界に足を踏み入れたからである。

誰だって、こうして本を読んでいる間は、
「自分はそんなバカな話には騙されないぞ」と思うだろう。
だが、そういう人ほど危険なのだ。

なぜなら私の知る、人生を棒に振った人々は、揃いも揃って、「自分はそんなバカな話には騙されないぞ」というのが口癖だったからである。

詐欺師は、プライドが高くメンツを気にする相手をつけ狙う。

なぜなら、プライドが高くメンツを過剰に気にする種類の人間ほど、実際には隙だらけだからである。

プライドが高くてメンツを気にする相手は、ちょっとしたお世辞でも真に受ける。

詐欺師にとって、これ以上騙して金を取りやすいカモはいないのだ。

お世辞のシャワーを浴びせて、カモが詐欺師に全幅の信頼を寄せてきた刹那、「ラクに儲かるおいしい話」を披露するというわけだ。

笑い事ではなく、このやり方で数多くの人たちが日々騙されて、人生を棒に振っている。

その証拠にテレビ、新聞、ネットニュースは、

おいしい話を持ちかける相手の前では、財布の紐を締めること。

常にお金の問題で溢れ返っているはずだ。
どんなに容姿端麗で華やかな経歴を持つ「エリート」に見えたとしても、
「ラクに儲かるおいしい話」を持ち出した瞬間、詐欺師確定である。
もしその話が本当なら、その人は呑気にあなたの相手なんてしているはずがない。
黙って自分でそのビジネスで成功し、
とっくに大富豪の仲間入りを果たしているはずだ。

36
圧倒的実力をつけて、あえて少し負けてあげる。

綺麗事を抜きにしてありのままの事実を述べると、
人間は自分よりも〝ちょっとバカ〟な相手が大好きである。
この場合〝ちょっと〟という部分がとても重要なのだが、
〝かなりバカ〟や〝真正のバカ〟はやっぱり嫌われる。
なぜなら本当のバカでは、
自分の出世のために貢献する能力がない人間だと見なされるからである。
何やら非常に冷たいことを言っているようだが、
あなたの周囲を冷静に観察してみれば、

これが事実であることはすぐにわかるはずだ。

賢明なあなたならすでにお気づきのように、

あえて〝ちょっとバカ〟と相手に思わせるためには、
相手よりも利口でなければ不可能だ。

なぜなら〝ちょっと〟の匙加減《さじかげん》をいい塩梅にするためには、
相手の知性をかなり上回っていなければならず、
臨機応変に、相手にばれないように負け続けなければならないからである。
今回初めて告白するが、私のサラリーマン時代は、
いかにして相手に少し負けてあげるかの知恵の格闘だった。
うっかり上司やお客様を論破しようものなら、
出世の道が閉ざされるのはもちろんのこと、
将来こうして本を書くために最適な、学び放題の恵まれた環境も奪われかねない。

ここだけの話、

圧倒的な実力をつけた上であえて少しだけ負けてあげることは、この世で最高の処世術だと私は思っている。

私はこの知恵を大学時代の読書から得て、
社会人になってから、ごく親しい社長たちにそっと聞いてみた。

その結果、驚くべきことに社長たちの眼光が鋭くなり、

「君、若いのによく気づいたね」

「ちゃんと成功するまでは、決してそれを口外してはいけないよ」

と静かに首肯した。

特に社長になるほどの優秀な人は、入社した当初から、
本来その組織に似つかわしくないほどの逸材だった人が多い。
だから、彼らも社内外の振る舞いで、嫉妬対策を万全にしていたのだ。
そんな彼らが私の背中を押してくれたからこそ、

私はいつでもどこでも、あえて少しだけ相手に負け続ける信念が持てたのだ。

社外では取引先に、最初にちょっと負けてあげることで、後々大儲けさせてもらった。

本来はあり得ない取引先の値切りに、1回だけ応じてあげるのだ。

安くて小さな仕事を感動的に仕上げると、桁違いの仕事が追加受注できた。

そんなお金の活用法もあると知っておいてほしい。

少しだけ自分を落とし、そこで実力を見せるとリターンも大きくなる。

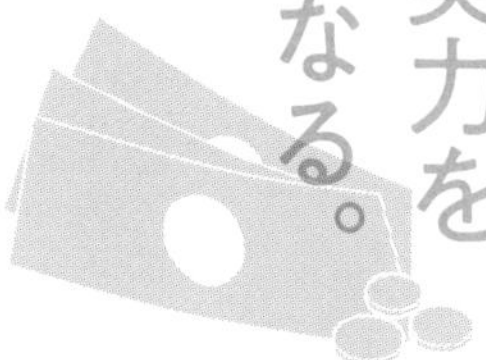

37 金銭トラブルを起こした相手とは、絶縁しろという啓示である。

あなたは金銭トラブルを起こしたことがあるだろうか。
些細《ささい》なトラブルも含めれば、誰でも一度ならず思い当たることがあるだろう。
結論から言ってしまうと、金銭トラブルを起こした相手とは絶縁すべきである。
金銭トラブルを起こしたから絶縁するのではない。
もともと絶縁すべき相手だから、
必然的にその相手と金銭トラブルになったのだ。
これまで金銭トラブルになった相手を何人か思い出してみれば、

そのメンバーが、いかにあなたの人生の邪魔をしたのかに気づかされるはずだ。
つまり、彼らは金銭トラブルという形で、
あなたにわかりやすく絶縁させるための行動を起こしてくれていたのだ。

金銭トラブルでお金を騙されたら、それは手切れ金と考えるべきだ。
もちろん法的手段に訴えて裁判で争うのも悪くないが、
それ以上に、その相手と二度と関わらないことのほうが大切なのだ。
私の周囲を振り返ってみても、
金銭トラブルを起こした相手と
ダラダラ付き合っている人たちは、
例外なく悲惨な人生を歩んでいる。
不思議なもので金銭トラブルメーカーの仲間は、
全員が金銭トラブルメーカーであり、

お互いに騙し合って、さらに地獄の底へと落ちていくのだ。

最初は数百万円の借金だったのが、あっという間に数千万円の借金になり、次に久しぶりに会った時には、数億円の借金に膨れ上がっている。

最終的には事件に発展して、再起不能になった人や、消息不明になった人もいる。

まさに負の連鎖であり、今いる場所から抜け出さない限り、無間地獄に落ちる。

「これでおしまい」ということはないのだ。

底なし沼のように、いくらでも下落が続くのだ。

換言すれば、こうした人生に巻き込まれないためには、小さな金銭トラブルが起こった時点で、その相手と絶縁すればいいのだ。

それができる人は、金銭トラブルで人生を台無しにすることは絶対にない。

今、どんなに幸せな人生を歩んでいても、

一度金銭トラブルの負の連鎖に巻き込まれたら最後である。
こうして本を読んで、世の中の現実を予習して、
金銭に関しては断じてナアナアの関係で終わらせないことが、
幸せな人生を歩む上で欠かせないのだ。

金銭トラブルが起こったら、お金を回収するより、まず絶縁することが重要。

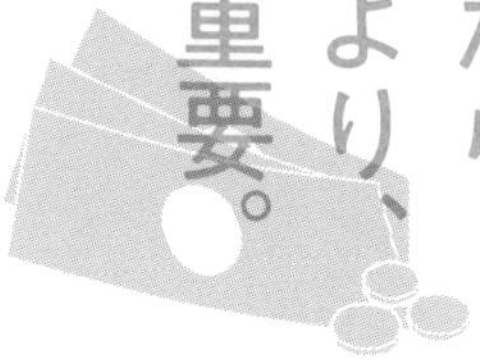

38

お金を請求するのは、良い緊張感を途切れさせないため。

私が経営コンサルタントとして駆け出しの頃、お金持ちと出逢う機会が多かった。
中には大富豪と呼ぶにふさわしい人も複数いたが、
お金持ちにはある共通点があることに気づかされた。
それは、**どんなに小さな金額でも、きちんとお金を請求する習慣だ。**
ちょっとしたお使いを頼んでも、「お釣りは取っておけ」という人は少なかった。
仕事でも「キリがいいから税込みでいいよ」だとか、
「大した額でもないから交通費は要らないよ」とは決して言わず、

きちんと請求していた人が圧倒的に多かったものだ。

「お金持ちはケチだからお金が貯まったのだ」という解釈もあるが、どうも私にはしっくりこなかった。

なぜなら彼ら彼女らは総資産として、ケチで貯め込んだ人々よりも何桁も多く所有していたからである。

疑問に思った私は、自分なりに仮説を立てながら、直接、お金持ちに質問してみたものだ。

そうするうち、次第に「なるほど、そういうことだったのか！」と膝を打った。

お金持ちに、些細な額でもきちんとお金を請求する習慣がある理由とは、取引先の相手と良い緊張感を途切れさせないためだったのだ。


良い緊張感とは何か。

それは、**敬意をベースにした人間関係**を保つことである。
敬意をベースとした人間関係を保たなければどうなるのか。
必ずナアナアの関係になって空中分解のきっかけになる。
それはそうだろう。
良かれと思って税込みで請求したら、
相手は永遠に、税込みの関係が継続するものだと思い込む。
「えー!?　前回は税込みだったのに、今回は違うの?」
と恨まれてしまうだろう。
良かれと思って交通費を請求しなかったら、
相手は永遠に、交通費を払わなくてもいい関係が継続するものだと思い込む。
「えー!?　前回は交通費不要と言ったのに、今回は違うの?」
とケチ呼ばわりされてしまうだろう。
善悪を超越して、人間関係とはそういうものである。

お金持ちたちは経験上、お金に関する人間関係の難しさを熟知しているために、きちんとお金を請求して、良い緊張感を保っていたのだ。


その結果として、彼ら彼女らは、人生すべてが正のスパイラルに入り、富んでいるのである。

もちろん私自身も、その授かった知恵を習慣化していることは言うまでもない。

必要なだけお金を請求しない人は、相手のためを思っているのではなく、自分が「太っ腹」と思われたい虚栄心からそうしているのだ。

きちんと成果を出して、きちんとお金を請求する。敬意をベースにした人間関係が大切だ。

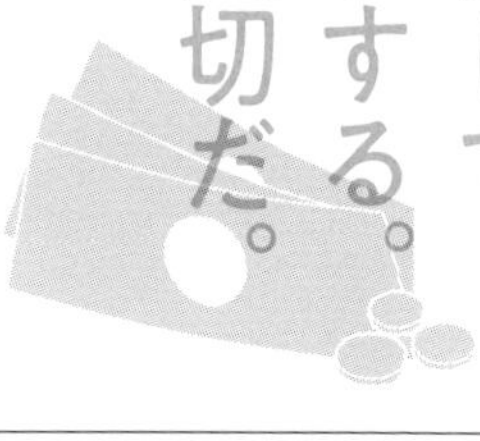

人望が築ければ、
そのお金の使い方は
正しい。

CHAPTER

5

「恋愛を最大化する、お金の使い方。」

Money for your Glorious Life.

39 無理に高価なものをプレゼントすると、それが別れのきっかけになりやすい。

モテない人が起こしがちな過ちの一つに、
高価なものをプレゼントしてしまうことがある。
あなたが結婚していて、それなりの経済力があり、
自分のパートナーの記念日に高価なものをプレゼントするなら、まだ理解できる。
私はそうしたエグゼクティブを数え切れないほど見てきたし、
今でもそれは素晴らしいことだと思っている。
だが、まだその境遇に至らないような人が、
無理をしてお目当ての相手に高価なものをプレゼントすると、

別れのきっかけになりやすい。

私自身の経験と、そして周囲にその理由を問い続けた結果を帰納するとこうなる。

まず第一に、**あなたは相手に高価なものをプレゼントしたのをきっかけに、「相手よりも優位に立った」と思い込んで、無意識レベルで偉そうに接するようになる。**

これは周囲から見ているとよくわかるのだが、自分ではまず気づけない。

相手はあなたの些細な言動や、全身で発する雰囲気から、「自分は高価なものをプレゼントしてやった」というメッセージを感じ取るのだ。

そして相手の気持ちは徐々に離れてしまう。

第二に、**あなたが高価なものをプレゼントすると、相手は決断を迫られたような気分になる。**

まるで相手から「結婚を前提にお付き合いしてください」と迫られているようで、まだその覚悟ができていない人は怖くなってしまうのだ。
極端な例だが、人気アイドルの元にファンから高価なプレゼントが送られてきても、それがアイドルには「嬉しい」とは思えず、「怖い」と感じてしまうのと同じだ。

あなたに10万円の予算があるなら、一度に10万円の高額なプレゼントをするのではなく、1万円分ずつ、10回に分けてプレゼントしたほうが効果的だろう。

あなたは「1万円程度では一流ブランド品が買えない」と不満に思うかもしれない。
しかし、お金ではなく知恵を絞れば、ノーブランドでも十分に素敵なものが買える。
どうしても一流ブランド品にこだわりたければ、お菓子をプレゼントすればいい。
お菓子であれば一流どころか超一流ブランドでも1万円でお釣りがくる上に、

相手にそれほど気を遣わせないから喜ばれるに違いない。

以上に加え、もしもあなたの周囲にプレゼント上手がいた場合には、その人を観察して貪欲にそのエッセンスをいただこう。

決して高額なものをプレゼントしてはいないはずだ。

高額なプレゼントは相手への威圧行為。大切な人にする行為ではない。

40 プレゼントは値段よりも頻度、そして頻度よりもストーリーで決まる。

これは恋愛に限らないが、長期的に付き合いたい相手にプレゼントをしたい場合、前項でも述べた通り、値段よりも頻度が大切だ。

特に男性は、女性の次の特性を憶えておいたほうがいい。

女性は1回だけドカン！と高額なプレゼントをくれた相手よりも、会うたびに〝ちょっとしたプレゼント〟をくれる相手に好感を持つ。

これを読んで驚く男性もいるかもしれないが、ありのままの真実である。
一般に、男性は金額を気にする傾向があるから、
一度高価なプレゼントをしておけば、しばらく安泰だと考える。
だが、高価なプレゼントも、ちょっとしたプレゼントも、
女性にとってはどれも〝1回のプレゼント〟に変わりがないのだ。

そんなの不公平だと思うかもしれないが、
それは本能レベルの心理なのだから仕方がない。
これは女性が男性にプレゼントをする際もまったく同じで、
その男性が好きな食べ物や、
日用品として愛用しているものを普段からチェックしておいて、
それを〝ちょっとしたプレゼント〟として贈ればいい。
これが一番、関係を長続きさせることができる方法なのだ。

そしてここで、さらに相手を喜ばせるワンランク上のプレゼントの方法を公開したい。それはプレゼントにストーリーを込めることだ。


毎回、プレゼントするたびにこれをやる必要はない。

たとえば誕生日プレゼントなど、節目となる機会に意識しておくといいだろう。


以前にデートした時、彼女が店のショーウインドウの前で立ち止まって、とても欲しそうに眺めていたポーチをプレゼントすれば、確実に感激するはずだ。

お目当ての彼が「スイーツ男子」であれば、家族旅行で伊勢に行った時、赤福の朔日餅《ついたちもち》をお土産に買って手渡せば、長蛇の列に並んで買ったことが伝わり、それをきっかけに話が盛り上がるだろう。

こうして「小さなストーリー」を込めてプレゼントができるようになれば、きっと相手はあなたに惹かれ続けるに違いない。

こうした「ストーリー作り」のコツとしては、相手を大きく驚かせようとしないことだ。一発ホームランを狙うのではなく、常にポテンヒットを狙えばいい。

いつも使っているボールペンのインクの残りが少なくなっていたからとか、商店街で見かけてちょっと懐かしかったからという程度で十分だ。小さく、頻度高く、小ネタを込めてプレゼントし続けるのが、長続きの秘訣なのだ。

プレゼントで相手を驚かせるのではなく、微笑ませよう。

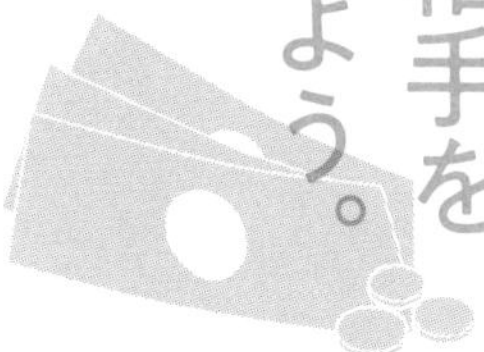

41 容姿にコンプレックスがあるなら、さっさと美容整形してしまう。

今から20年から30年前であれば、
自分が美容整形をしたら、友人にさえ黙っていることが多かっただろう。
ところが最近は、美容整形したことを堂々とカミングアウトする人もいるし、
「それが何か？」と堂々としている人も珍しくなくなった。
これは、素晴らしいことだと私は思う。
「親からもらった体をいじるなんて……」という批判の声は昔からあったが、
親からもらった大切な体を

バージョンアップさせて幸せになるのなら、きっと親も喜ぶのではないだろうか。

これまで私が出逢ってきた人たちや私の周囲にも、美容整形の経験者は複数いるが、少なくとも私の知る限り、後悔している人は一人もいなかった。

だが、勇気を持って打ち明けてくれた人にこんなことを述べるのは誠に恐縮だが、「どこがどう変わったの?」と疑問に思うことが多かったのも事実だ。

私はここで、非常に大切なことを学んだ。

他人からどう見えるかよりも、その人が美容整形を通してどう変わるかが重要なのである。

仮に顔のホクロを除去したとしても、それがよほど巨大なものでない限り、おそらく自分以外は誰も気づかないだろう。

一重のまぶたが二重になっても、黙っていたら、家族すら気づかないかもしれない。

それでも自分の気持ちがプラスに変われるなら、
美容整形をしたほうが絶対にいいと思う。

探してみれば当然、世界には美容整形の失敗例はたくさんあるのだろうが、
確率的には桁違いに成功例の数が上回っていることは間違いないだろう。
勘違いしてもらいたくないが、決して私は美容クリニックの回し者ではない。
容姿にコンプレックスを抱えており、それが妨げになって、
人生を積極的に生きることができないのであれば、
早いうちに美容整形してしまったほうがいい、ということを伝えたいだけだ。
なぜなら恋愛とは結局、どれだけ自分に自信があるかによって、
結果が大きく左右されるものだからである。
特に初期の頃は、自分に自信がなければ出逢いの場すら求めないだろう。
そしてなんとか合コンに参加したり、紹介で誰かと会っても、

自信がなければ二度目はない。
恋愛に不可欠な自信を獲得するために容姿を向上させることは、
決して無駄なお金の使い方ではない。

美容整形で揺るぎない自信を手に入れることは、立派なお金の使い方。

42 生涯楽しんで継続できる、あなた〝ならでは〟の美容法を発掘する。

今世紀に入ってから、
人々は〝見た目〟の大切さを過剰なほどに気にするようになった。
少なくとも、私が社会人生活をスタートさせた90年代よりも現在のほうが、
かなりルックスを重要視するようになったと実感している。
最初は主にファッションだったが、老若男女問わず、
体型や肌も気にするようになった。
筋トレやダイエットは多くの人たちが一度は経験したことがあるだろうし、
これまでに私も、それらに関する本を書いてくれと、

複数の出版社からオファーがあった。
こうした事実については賛否両論あるのだろうが、
私はここで、あえて良い部分にだけ光を当ててみたいと思う。
人々が美容に強い関心を抱くようになったことは、
人類の進化の証《あか》しだと私は思う。

美しい人は、ただそこにいるだけで価値が生まれる。
美とはその存在が見事に自然の摂理に則《のっと》っている状態であり、
それを目指して美しくあろうとする姿勢も、
また自然の摂理に則っている行為なのだ。

いくら外見だけを磨いても、
中身がなければ無意味だという意見もあるだろう。

だが、中身に加えて外見も輝いている姿こそが、最も理想の姿なのではないだろうか。

そう考えると、外見磨きも前向きに捉えることができるし、そうして美を追求する様々な習慣は、健康で長生きする助けにもなるだろう。

これまで私が出逢ってきた長期的な成功者たちの多くがヘルスケアのオタクだった。栄養にうるさいのはもちろんのこと、健康法、美容法、サプリメントなども、かなりこだわって、惜しみなくお金を使っていたものだ。

長期的な成功者には人間的に魅力のある人が多く、放っておいても、同性にも異性にもモテる人が圧倒的に多かった。

そんな彼らに共通していたことは、自分〝ならでは〟の継続できそうな美容法や健康法を発掘し、それを何十年と習慣にしていたことだ。

さらに細分化して共通点を見つけると、以下のような行動が挙げられる。

- 良質な睡眠について妥協を許さなかった
- 野菜を必ず摂取するか、野菜が嫌いなら青汁などの代替品で野菜不足を補っていた
- ヨガや散歩、ストレッチなど〝激しくない運動〟を習慣にしていた

その結果として、長期的な成功者たちは常に肌艶が良く、みな同様に楽しく恋をしていたものだ。

成功したいなら、美容と健康に上手にお金を使って魅力的な人になろう。

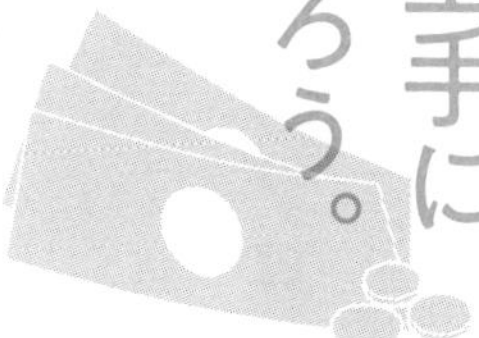

43 お洒落に自信がないなら、その道のプロに同行してもらい服を選んでもらう。

ひょっとしたら読者の中にはもう利用者がいるかもしれないが、ファッションの専門家に依頼して洋服選びに同行してもらい、服装のトータルコーディネートをしてもらえるサービスがある。専門家やコースによって料金は様々だが、お洒落に自信のない人には、大きな価値を発揮するサービスだと思う。

なぜなら、素人が自分で服を選ぶと、ほぼ100%の確率で失敗するからだ。

お洒落のコツは、自分で好きな服を選ばないことである。
お洒落に興味がない人が「自分が好きな服」を基準に服を選ぶと道を誤る。
たいていの場合、似合わなくて一番ダサい服を選んでしまうのである。

たとえば男女問わず、太い人は、
体型を隠そうとしてユルユルの服装を好む傾向にあるが、
かえってそれが、身体のラインを明らかにしてしまう事実に気づくべきである。
脚が太くて短い女性は途轍もなく高いヒールに憧れるだろうが、
それを履くと、ますます短足が強調されてしまうことに気づくべきである。
服装のプロは必ず、こうしたことをストレートに指摘してくれる。
「最低でもあと20kg痩せないとこれを着る資格はない」
「これはパリコレのモデルさんだから似合うの」
これまで言われたことのないような厳しい現実を突きつけられるだろうが、

だからこそ脳裏に深く刻まれて、生涯の宝になるのだ。

あるいはアパレルショップのお洒落な店員を見つけて、師と仰いでもいいだろう。

「あ、この人はセンスがいいな」という店員は自らの身体的特徴をよく理解しており、それゆえに他人に似合う服の判断にも長《た》けているものだ。

お洒落に限らないが、厳しく自己分析ができているプロは、どの世界でも腕利きが多い。

最後に私の服の選び方を紹介すると、

同い年のアパレルショップの店長に選んでもらい、仕立ててもらっている。

私に似合う服は私が決めるのではなく、あくまでも他人が決めるのだ。

私から「この服お洒落でしょ?」と言うのではなく、

他人から「その服お洒落ですね」と言われる服がお洒落な服なのだ。

プロにお金を払って指導を仰ぐと、成功に一足飛びに近づくことができる。

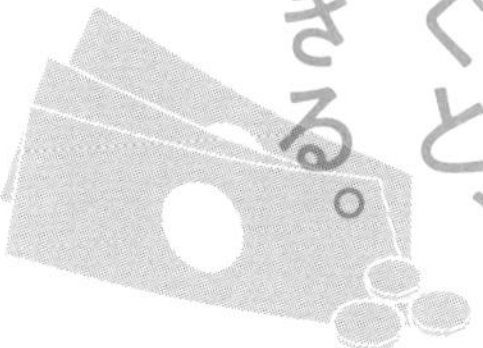

44 一流の異性に出逢いたければ、結局は頭脳が決定打になる。

「一流の異性に出逢いたい」という質問をたびたび受ける。
私はそこで、容姿を磨く以上に、
情熱と資金を注ぎ込んで頭脳を磨くことだと答える。

最初に異性に惹かれる時は、相手の容姿がきっかけになることが多いだろう。
だが一度でも恋愛を経験したことがあればわかるように、
容姿に恵まれたというだけで一流の異性と付き合うことは、ほぼ不可能である。
最初のデートは何とか持ち前の容姿でごまかせたとしても、

2回目に実力が露呈され、おそらく3回目のチャンスは流れるだろう。
うっとりするような容姿の、理想の相手だったはずなのに、
「あらら……」と知性の差を一度でも感じたが最後、
一気に埋め難い溝ができてしまうのだ。

これまで、特に女性は容姿が大切だと思われてきたが、
男女ともに最後に惹かれる決定打とは、
その人の中身の部分ではないだろうか。
中身とは心であり、心とは科学的に考えれば頭脳のことである。
人類は地球上の生物の中で突出して頭脳が優れているが、
それは頭脳を磨くことで幸せになるように神が人を創造したからである。
人類がどれだけ体を鍛え抜いても、
素手の勝負では野生のライオンやトラには太刀打ちできない。

人類がどれだけ俊足になったところで、チーターや馬の走る速さには遠く及ばない。
人類がどれだけ高く飛んだところで、タカやワシが飛ぶ高さには遥かに及ばない。
ところが人類が機関銃を使えば、ライオンやトラにも楽勝できる。
車やバイクを使えば、チーターや馬よりも速く、
しかも長距離を移動することができる。
飛行機を使えば、タカやワシよりも高く、しかも長距離を移動することができる。
肉体的には決して強くはない人類は、頭脳を使うことで、
地球上の生物で頂点に君臨することができているのだ。

頭脳を磨き抜くことは、人間社会で生きる上でも最強の武器であり決定打となる。
もちろん頭脳を使って悪いことを企む連中もいるが、
心の豊かさや道徳心さえも、私は頭脳を磨くことで習得できると確信している。
つまり、勉強ができるようになるといった左脳的な能力に加えて、
優しさや温もりといった右脳的な能力も、頭脳を鍛えれば磨くことができるのだ。

誰もが惹かれる魅力を備え、人類の発展に貢献できる存在になりたければ、ひたすら左右両脳を磨くための修練を積むことだ。

一流の異性と出逢いたければ、頭脳を磨くことにお金を惜しんではいけないのである。

一流の異性と付き合いたいなら、容姿よりも先に、まず知性にお金を注ぎ込もう。

45

お金を使って教養を身につけるのは、大切な人と知恵を分かち合うため。

私が社会人1年目で気づかされたことがある。

教養に下支えされた魅力的な話で相手を感動させれば、仕事でもプライベートでも、自分の年齢に関係なく、人とお金が自然に集まってくる、

という事実である。

このルールに則っている限り、仕事も恋愛もすべてが順調に上手く回るのだ。

私は社会人の最初から企業経営者を相手にする仕事をさせてもらったが、

そこでダイレクトに役立ったのが、私の大学4年間の読書体験だった。
当然だが一般に企業経営者は勉強好きで、本もよく読んでいる。
普通であれば新米とは社交辞令の挨拶のみで、その後二度と会うこともないだろう。
だが私は彼らに何度も会ってもらったし、転職後に付き合いが続いた人も多数いた。
理由は簡単で、

社長室の本棚に並んでいる本についての話題を振れば、
彼らは100%の確率で喜んでくれたからである。

当時、創業社長であれば「松下幸之助」「安岡正篤《やすおかまさひろ》」「中村天風《なかむらてんぷう》」は定番で、
私はそれらの本をすべて大学時代に読破していた。

彼らの話を最後まで傾聴した上で、
彼らがちょっと疲れて静かになった頃、

私なりの小ネタや裏話を披露すると、「お前、若いのに感心だな」と興奮して喜んでくれた。

当時、サラリーマン社長であれば、
「大前研一」を筆頭に、「竹村健一」「堺屋太一」「日下公人《くさかきみんど》」「渡部昇一」の、
いずれかが本棚に並んでおり、私はそれらの本をすべて大学時代に読破していた。
サラリーマン社長の場合は本棚に飾るだけで、実際には読まない人が多かったから、
こちらはうっかりプライドを傷つけないように注意が必要だったが、
向こうから話をしてきた場合に限り、遠慮がちにそれに応えた。
こちらも「君、若いのにやるじゃないか」と評価してもらえることが多かった。

もちろん小説好きには小説のウンチクで盛り上がったし、
哲学好きには哲学のウンチクで盛り上がった。
すぐに親しくなれたから一発で受注もでき、その上リピーターになってもらえた。

恋愛もこれとまったく同じ要領で同じ結果が出た。
どんな相手とも瞬時に話題を合わせることができたから、すぐに打ち解けられた。

人は自ら認めた相手から、
反対に自分を承認してもらうことを欲求する。
そして、その相手から自分好みの画期的な知恵を授かると
ベタ惚《ぼ》れする。

そのためには膨大な本を読んで人と語り合い、教養を身につける以外に道はない。

教養を身につければ、どんな異性と二人きりになっても話題に困ることがない。

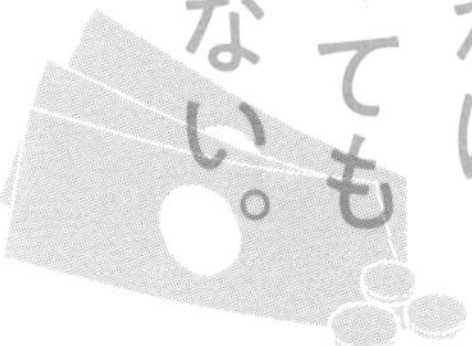

46 歳を重ねても寄り添い続けたければ、教養を磨き続ける以外に道はない。

ドイツの哲学者フリードリヒ・ニーチェは、
結婚相手を選ぶ際の基準をこう述べている。

「〝齢を取ってもこの相手と会話ができるだろうか〟と自問せよ。その他は年月が経てばいずれ必ず変化する」

確かに、これは反論の余地がないほど見事に的を射ている。
少し厳しい言い方になるかもしれないが、
恋愛の相手に冷められたら、自分の側にも責任があるということだ。

なぜなら相手が自分に冷めてしまったのは、
自分が相手に惚れられ続けるための努力を怠ったからである。
歳を重ねてもずっと寄り添い続けたければ、
相手の長所に注目して惚れ続けようとする姿勢も大切だが、
それと同時に、相手から惚れられ続けるための
努力も欠かせないのだ。
「結婚式で永遠の愛を誓い合ったから、
何があってもあなたは私を愛し続けるべきだ」
という姿勢では、ますます相手の心は離れてしまうだろう。
私がこれまで出逢ってきた長期的な成功者は、
大半が歳を重ねても寄り添い続けていた。
口数が少なく余計な会話は一切しないのだが、お互い静かに認め合っている感じだ。
たとえば男性は政治経済に詳しいが、女性は美術史に造詣が深いというように、それぞれ別の分野で教養を磨き続け、たまに深く語り合う夫婦もいた。
あるいは男性は脳外科医だが女性は産婦人科医というように、
同じ医者同士でも専門が異なることもあり、たまに深く語り合う夫婦もいた。
それぞれ、自分の土俵で教養を磨きながら、
互いの会話を通じ、別の角度から光を当て合うという夫婦たちが、
敬意をベースとして長く寄り添い続けていたように思う。

もちろんそうした素敵な歳の重ね方に憧れるのであれば、
若い頃から教養を磨き続けていなければならない。
なぜなら教養とは1年や2年で身につくお手軽なものではなく、
10年や20年単位で少しずつ塗り重ねていく地道な作業の賜物だからである。
そして、一生かけても、あなたの教養が完成する瞬間は訪れない。

膨大な時間をかけて、あれこれと試行錯誤を続ける修養こそが、

教養を磨くという行為なのである。

地道に教養を磨き続けるあなたの横顔は、きっと異性の目にも魅力的に映るはずだ。
これから素敵な愛を育むために、今この瞬間から、
教養磨きにお金をかけておくに限る。

愛情を長続きさせるには、
お互いを尊敬し高め合える
教養を学び続けること。

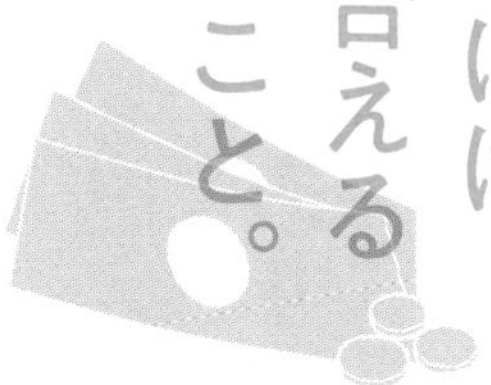

47 勉強にはまとまった時間が必要であり、時間はお金で買うことができる。

本気で一流の異性と出逢いたければ、頭脳に投資する必要があるとすでに述べたが、ここではさらに具体的な話に入りたい。

本気で頭脳を鍛えたければ、勉強時間を確保しなければならない。

それも、細切れ時間ではなく、

まとまった時間を確保する必要がある。

これは細切れ時間をバカにしているのではない。

勉強には、単純な暗記物など細切れ時間にやる方法が適しているものもあるが、

じっくりと腰を据えて熟読したり、高度な思考力を要するものも多く、
これらは細切れ時間にやるのが不向きであるということだ。

そして、あなたの頭脳をより魅力的に成長させたければ、
前者の細切れ時間にやる勉強ではなく、
後者のまとまった時間にやる勉強が不可欠となる。
確かに歴史の年号や、難しい英単語を知っている者を周囲は物知りだと思うだろう。
だが、歴史の背景や因果関係をわかりやすく語り、
知的な英文を読みこなす者は、
周囲に一目置かれて、本当に頭の良い人だと絶賛される。
なぜなら人は誰でも自分自身の経験と照らし合わせて、
どんな勉強が習得に時間がかかり、
難易度が高いのかを感覚的に理解するからである。

そうとわかれば、あなたも魅力的な頭脳を手に入れるため、
まず、まとまった時間を確保する工夫を始めよう。

まとまった時間を確保したければ、お金を上手に使うことである。

早く家に帰りたければ、多少家賃が高くても、
会社の近くに引っ越すのも良い手だろう。
これは私がサラリーマン時代に実証済みで、実際に効果抜群だった。
通勤電車の中でまとまった時間を確保して勉強したければ、
お金を払って指定席に座るのも手だろう。
これもまた私がサラリーマン時代に実証済みで、実際に効果抜群だった。

また、ここ最近は社会人向けに「有料自習室」と呼ばれる設備も増えてきて、
誰にも邪魔されない、静かで優雅な空間で、勉強時間を確保できるようになった。
私が現在執筆している書斎が有料自習室のようなものだから、

これも効果は保証する。
本物の教養を身につける勉強には細切れ時間に加えて、
必ずまとまった時間が必要だ。
そしてその時間を確保するためになら、あなたはあらゆる手段を使うべきである。
まとまった勉強時間を確保するために投資したお金は、
必ず何倍にもなって還ってくる。

勉強をして自分の知性を高めるための お金を惜しんではいけない。

48

〝美味しい体験〟を共有するためになら、お金はケチらない。

ここで言う〝美味しさ〟とは、食事に限らない。

遊園地のエキサイティングな乗り物や感動的な映画ばかりでなく、我々にとって何よりも、この人生全般が〝美味しい体験〟に満ちているはずだ。


たとえば、最初から「貧乏旅行を楽しむ」という目的なら話は別だが、「一流を堪能したい」という目的の旅行で、宿泊するホテルや旅館をケチるとどうなるだろうか。

確実に、旅行そのものが失敗に終わることは目に見えている。

高級ホテルの特別フロアで、
2泊で50万円のスイートルームに宿泊するのと、
ビジネスホテルで、
2泊で5万円のデラックスルームに宿泊するのとでは、
その感動と満足度は雲泥の差だ。

前者は食事を含めてすべてのサービスが料金に含まれており、
さらにチェックインとチェックアウトの窓口も違うから、
優先的に丁寧な対応をしてもらえる。
後者は何から何まで追加料金の可能性が高く、
チェックインとチェックアウトで
他の宿泊客と一緒に、長蛇の列に並ばなければならないことが多々ある。

もしあなたが、最愛の人と〝美味しい体験〟を共有する旅行をしたいなら、ここは前者一択のはずだ。
これはホテルや旅館に限らない。

本物の体験を共有し、
最愛の人と感動を分かち合いたいのであれば、
断じてお金をケチるべきではないのだ。

もちろんそのためには、あなたが稼いでいなければならず、いつでも本物のサービスに、惜しみなくお金を支払えるだけの財力を蓄えている必要がある。
そして、私は本書でそのための知恵を惜しみなく提供してきたつもりだ。

ここでさらに理解を深めてもらうために、たとえを自動車に替えよう。
あなたが無理をして生活費を切り詰めながら、高級車を購入しても意味がない。

スパッと一気に支払いを済ませ、優雅な気持ちで購入してこそ意味がある。

なぜなら、高級車を本当に堪能したければ、
高級車を手に入れるだけではなく、
高級車にふさわしいグレードの生活を
獲得しておかなければならないからだ。

その高級車に乗って行くすべての店、出逢う人たち、駐車する場所、住む場所、趣味など、すべての釣り合いが取れていなければならない。

あなたが成功していく過程で、
何か一つだけをグレードアップさせることはできない。

あなたにまつわるすべてのことは、有機的に繋がっているのだ。

目に見えるものとしては、まず「靴」のグレードを上げることによって、周囲があなたの評価を上げてくれるだろう。
目に見えないものとしては、まず「知恵」や「体験」にお金を使って、付き合う人や行動の質を上げていくのが賢明だと思う。

また、それと同時に、良いパートナーを見つけることも重要である。
一緒に実力をつけて生活の底上げをしていければ、人生のステージは自ずと上昇していくものだ。
換言すれば、
あなたが本心から〝美味しい体験〟を共有したい、と思える相手と交際することが重要
ということである。

お金を使って
〝美味しい体験〟を手に入れよう。
まずは人並み以上に稼ぐことだ。

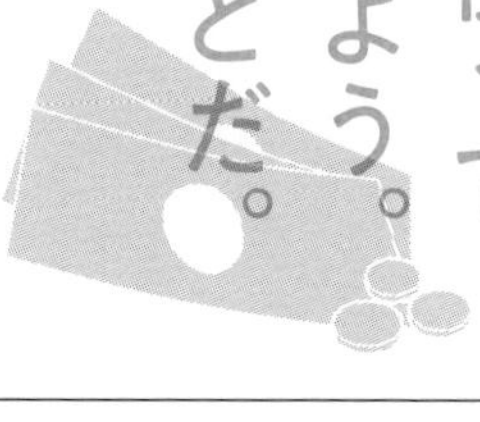

結局、頭脳にお金を
かけた人間が一番モテる。

CHAPTER

6

人生を最大化する、お金の使い方。

Money for your Glorious Life.

49 自分で決めた貯蓄を超えた分は、勉強代としてすべて使い切る。

長期的な成功者たちの生き様を見てきて、
「これは美しい！」と私が感動したことがある。
自分で決めた貯蓄を超えた分は勉強代としてすべて使い切る、
というものだ。
世界レベルの大富豪には、もはや働かなくてもお金がどんどん増え続ける人がいる。
彼らはもうこれ以上お金が増えないように、
慈善活動をしたり、寄付をしたりしている。

彼らにとっては、慈善活動や寄付も勉強代のうちである。
なぜなら慈善活動や寄付をするためには、その世界に精通する必要があり、
お金を出して深く関われば関わるほど、
影響力を増すために勉強せざるを得ないからだ。
大富豪たちには、こうした寄付金が自分を成長させる勉強代なのかもしれない。

大富豪ほどでないにせよ、あなたが貯蓄額を超過したお金を勉強代に使っていると、
次第にこんな事実に気づかされるだろう。
年々、その超過分が、勉強代として使い切れなくなってくるのだ。
勉強代はむしろ増えているのに、それ以上に収入が増えるから、
簡単には使い切れなくなってしまうのだ。
この仕組みを知らない人たちがこの話を聞いたら、自慢話に聞こえるだろう。
しかし、あなたはこれを自慢話として斜に構えて読むのではなく、

自分もこの「正のスパイラル」に乗ってやろうと考えるべきである。
この正のスパイラルに乗りたければ、
つべこべ言わず、まず年収分の蓄えをすることだ。
年収分の蓄えをしたら、そこからはみ出した分をすべて勉強代に回すことだ。

では具体的に、何を勉強すればいいのかといえば、まずは、今やっている仕事で頭角を現すための勉強である。

書店に並んでいる本をすべて読むつもりで勉強し、
場合によっては刺激を受けるため、自腹でセミナーに参加するのもいいだろう。
その道のプロになったら、今度は世の中の仕組みを知るために、
政治や経済の本を読むといいだろう。
その際、いきなり難解な専門書に手を出すのではなく、
実際に書店に足を運んで手に取り、

自分が「面白い」と感じて理解できる入門書から読み進めることだ。

「千田さんのおススメの本を教えてください」と安易に聞いてくる人は多いが、それを自力で見つけることが、まさに勉強なのだ。

人はそれぞれ経歴や知能も違うから、自分の最適な勉強法は自分で発掘する以外にない。

勉強代が増えれば増えるほどに、結果としてあなたの収入も増えていくのだ。

年収分の貯蓄をしたら、まずは今の仕事で頭角を現すため、勉強にお金を使おう。

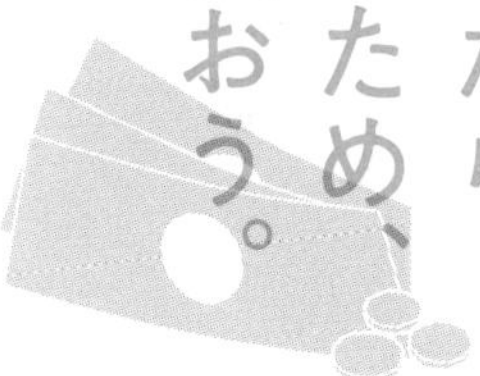

50 「貯金なんてするヤツはバカだ」を、鵜呑《うの》みにしない。

ちまたの自己啓発書には、
貯金する人たちをバカにする内容が書いてあることもある。
ではその〝自称成功者〟という著者たちが自信満々に主張している、
「貯金なんてするヤツはバカだ」という教えは本当だろうか。
半分は本当だが、半分は嘘である。
より正確には、日本語の使い方が間違っている。
正しくは、「貯金ばかりしているヤツはバカだ」である。

私が出逢ってきた長期的な成功者たちは、
若い頃から分相応の貯金をしていたものだ。
人によって若干の差はあったが、
概して「その時の自分の年収分くらいの貯蓄はあった」
と教えてくれた。

年収300万なら、300万の貯蓄があり、
年収500万なら、500万の貯蓄があったということである。

長期的な成功者とは、いざとなったら果敢に挑戦する人ばかりだったが、
だからといって猪突猛進だったわけではない。
彼らはまだ成功していない頃から、すでに勇気と慎重さの両方を備えていたものだ。

お金を蓄えて生活を安定させ、用意万端に準備してこそ、

いざという時、勇者になって挑戦できることを熟知していたのだ。

私も彼らを見習って、そこから自分の年収分を目標に貯蓄を開始した。
そうして自分の年収分くらいの蓄えができ、これまでに様々な挑戦ができたのだ。
貯金は自分が人生で挑戦しやすい環境を創るための、
重要なお金の使い道の一つである。
「貯金なんてするヤツはバカだ」と煽《あお》っている〝自称成功者〟たちも、
実は貯蓄の大切さはよくわかっているのだが、
言葉をすり替えて、人々が貯金するお金を自分たちに払わせようとしているのだ。
こうした世の中のカラクリが洞察できれば、
あなたはどんな人の著作を購読し、どんな人を人生の師として仰げばいいのか、
わかってくるのではないだろうか。

最後に、次の事実も知っておいてもらいたい。

貯金とは、この世で最もお金がかかり、最も無駄な趣味でもある。
趣味が貯金になってしまうと、
１００億円あっても１００兆円あっても歯止めがきかない。

それどころか、貯蓄本来の目的が「安定」だったにもかかわらず、
どれだけ増やしても「不安」になってしまう。
最低限の貯金を確保した上で、
そこからはみ出たお金は、きちんと自分の成長に使う意識が大切だ。

貯金で「安定」を手に入れたら、
残りのお金で「挑戦」しよう。

51 この世で最強の投資は、本である。

私は大学時代に1万冊以上の本を読んできたが、
そこには図書館の本をカウントしていない。
専門書は絶版になっていることが多く、図書館に頼らざるを得なかったが、
それ以外の本はすべて購入して読んでいた。
本を所有することによって、
24時間、いつでも本棚に手を伸ばして再読できるのが最大のメリットだった。
つまり「1万冊」はすべて購入した本であり、

私はその本代に、1000万円をかけたということだ。

短時間でたくさん稼ぐために時給の高いアルバイトをしたのに加え、頼み込んで、親からの仕送りも3倍に増やしてもらった。

当時はお金持ちを目指して本を読んでいたわけではない。ただ本を読むことが楽しかったから、ひたすら読んでいたのだ。大学に入学するまでろくに本を読んだことがなかったから、これぞまさに「大学デビュー」で、本の世界の素晴らしさを知って興奮状態だったこともあるだろう。

〝自分だけの名著〟に出逢った日は、もう天下を取ったような気分だった。

自分より遥かに人生経験が豊富で頭の良い人たちが、わずか千円程度払うだけで、惜しみなく知恵を披露してくれるのが、ありえないくらいにありがたいことだと思った。

次第に知恵がついてくると、

「自分は知識という、とんでもない武器を獲得しているのではないか?」

と震えるほどに感動し、同時に感謝した。

今だから正直に告白するが、就職活動の面接で話題に困ることは何一つなかったし、すべてが想定内の質問ばかりで退屈だった。

それどころか面接官に「そんなダサい質問ではなく、こういう質問をしたほうが会社の評価を上げますよ」と、アドバイスをしたくなることもしばしばだった。

すでに本書で述べてきたように、
社会人になってからも本の知恵は大いに役立った。

ここだけの話、社会人になってからも本で読んだ通りのことしか起こらなかった。

「読書なんて、しょせんは机上の空論」という言葉は、本をろくに読んだことのない大人たちの嘘だということがよくわかった。

こうした嘘を鵜呑みにしていたら、今の私は絶対に存在していない。
とても大切なことなので、声を大にして言いたい。
この世で最強の投資は本であり、本が高いと思うのはその人が未熟だからである。

本に使ったお金は、知性とともに何倍にもなって自分の元に還ってくる。

52 確かに経験は大切だが、読書はそれ以上に不可欠である。

これまで私が出逢ってきた成功者には、短期的な成功者と長期的な成功者がいた。
彼らの性格、容姿、学歴は千差万別だったが、
あえて共通点を抽出するとすれば、以下のようになる。
前者は読書を軽んじて経験を重視しており、後者は読書も経験も両方重視していた。
前者には「本なんて読んでも無駄」「経験がすべて」と豪語する人もいたが、
後者にはそんなことを口にする人は一人もいなかった。
だから私はエグゼクティブと付き合う際に、読書を否定する人は要注意だと思った。
なぜならその人が１００％の確率で落ちぶれることは、

経験上、明らかだったからである。

確かに経験は大切だが、成功を継続させようと思うなら、
読書こそが不可欠なのだ。

経験とは自分と同レベルの人脈と共有できる時間の集積であり、
そのレベルで行き詰まったら、
次のレベルには進めずにそこで終了ということになる。

同レベルの人間同士では同レベルの知恵しか生まれず、
あなたはそこから成長できないのである。

ここに読書という、古今東西に伝わる恐るべき賢人の知恵を加えることにより、
自分よりも格上の人間の叡智を実践に移すことができる。
ハッキリ言って、同レベル同士の連中が
一生かかって考え抜いても辿《たど》り着けない知恵を、

読書なら、ほんのわずかな投資で、ほんの一瞬で得られる可能性が高いのだ。

長期的な成功者たちを間近で観察してきた私が言うのだから間違いないが、彼らはまず動くのではなく、動く前にはじっくりと本を読んで念入りに予習していた。

しかも1冊や2冊を通読するのではなく、その分野の本を最低でも十数冊、たいていの場合は数十冊レベルで購入し、みっちりと読み込んでいた。

その上で一度決断したら素早く行動に移し、行動の結果を読書と会議で念入りに分析し、再び挑戦……、というフローを繰り返して成長していた。

その道何十年のベテラン・エグゼクティブが高額な費用をかけて、あえて経営コンサルタントを雇うのも、本質的にはこれと同じ理由からである。

同じ業界の同レベル同士でいくらウンウン唸っても、しょせんは似たようなアイデアしか浮かばない。

そこに外部から新しい光を当ててもらうことで、道が拓《ひら》けることを期待しているのである。

そういう意味では、読書と経営コンサルタントは似たような役割かもしれない。

もしあなたが長期的な成功者を目指すなら、自分が読書を否定しないのはもちろん、読書を否定する人にも近づかないことだ。

どれだけ経験しても手に入らない極上の知恵を、読書で手に入れよう。

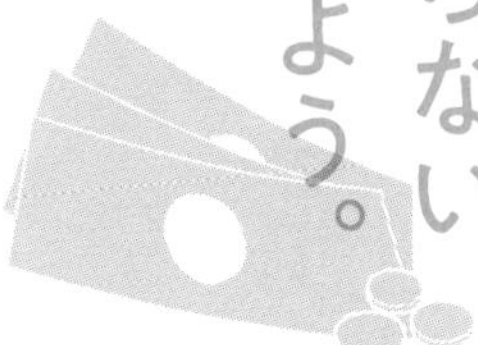

53 一流の先生は、さらに超一流の先生から教わっている。

世の中で一流と呼ばれる人がいる。
それも、一時的なブームに終わるのではなく、
長期間にわたってその分野では一流として認められ続けている人だ。
なぜこの人たちが一流であり続けるのか、
あなたは知っているだろうか。
それは、さらに超一流の先生から教わっているからである。
日本で一流のヴァイオリニストたちは、

国内で大学教授として生徒たちに教えながら、
自分たちも授業料を払って、世界で一流のヴァイオリニストから教わっている。
日本屈指の物理学者は、研究機関で学者やその卵たちに教えながら、
自分も世界屈指の物理学者から教わっている。

少なくとも一流であり続けるためには、先生であると同時に、
生徒でもあり続けなければならないのである。

あなたが様々なセミナーを受けていると、たまに、
次のように感じる講師がいるだろう。

「よくこの程度でこんなに偉そうに話せるよな」

「ここまで偉そうにしなくてもいいのに」

それはその講師がもう長い間「先生」だけしかやっておらず、

「生徒」の立場に立って、真摯に学ぶ姿勢を忘れてしまったからである。

先生と呼ばれてチヤホヤされているうちに、成長することを忘れてしまったのだ。
収入を得ることばかりに注力し、成長への投資を怠っている。

学びの姿勢を持たない先生から教わっても、あなたが得るものは非常に小さい。

一流の先生は必ず、時と場所を変えて生徒の立場になっている。
しかも、生徒としては驚くほど素直で、想像を絶するほどの努力家でもある。
つまり、一流の先生は生徒としても一流だということに他ならない。

あなたもきっと、何かの分野では一流を目指しているはずだ。
一流を目指すのは素晴らしいことだ。
私は、自分が勝負する土俵で一流を目指さないのなら、
その競技参加者は邪魔だとさえ思っている。
厳しい言い方だとあなたは思うかもしれないが、これが医者ならどうだろう。

一流を目指していない〝そこそこ〟の医者に、
脳や心臓の手術を受けたいとは誰も思わないはずだ。
あなただって何かの分野ではプロであるべきであり、医者に負けるべきではない。
学ぶ姿勢を忘れたら、本当はその時点ですでに人生が終わっているのだ。

いつの日も一流から学び続けよう。一生、成長を続けよう。

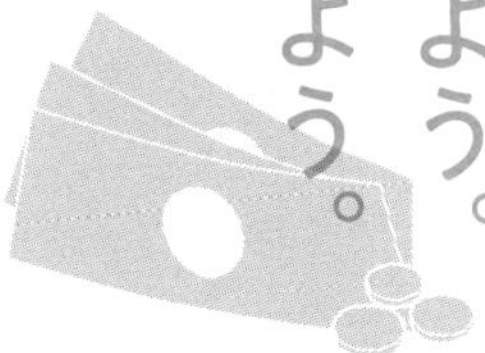

54 一度も損しなくて済む人生なんて、この世に存在しない。

本書で何度も力説したように、私は勉強こそが、この世で最も優れたローリスク・ハイリターンの投資だと確信している。

しかし、投資には損が付きものだ。

投資である限りリスクはゼロにはならない。

一流の投資家でも「一度も損をしたことがない」という人などはおらず、数え切れないほどの失敗をしながら、トータルでは勝っているというだけの話だ。

どんなに高額であっても、勉強代は、

金融や不動産の投資に比べれば桁違いに安い。
だから、どんなに損をしたところで知れているのだ。

それに、先生選びや教材選びで、最初から上手くいくことは稀である。
綺麗事を抜きにして、「先生」と呼ばれている人の過半数は、
「教えることのプロ」と呼べるだけの実力を持っていない。
難関国家資格を有するわけでもなく、華やかな実績や経歴の持ち主でもない。
ニセモノの自称先生ほどプロフィールがやたら長く、
言葉巧みな言い回しで、自分の未熟さをカバーする術に長けている。
だが、私はその手の先生に一度、騙されてみることも大切な経験だと思う。
人生には、実際に痛い目に遭って初めて、
「なるほど、こういうことだったのか！」

と気づかされることも多い。

それも含めてすべてが「勉強」だと思うからだ。

何といっても勉強代なんて安いものだから、

どれだけ騙されたところで、人生が致命的な事態に陥るようなことはない。

むしろそれが話のネタになったり、本命の先生選びや教材選びに繋がるのだから、

〝必要経費〟のようなものだろう。

ここで注意点を挙げておくと、

相場より桁違いに高くあなたが損をしたと感じたら、

二度と関わらないようにすることである。

通常、1日セミナーの受講料は数千円からせいぜい4〜5万円くらいまでだが、

これが10万円を超えた時点で「桁違い」ということになる。

あるいは通常、参考書や問題集といった教材は1冊千数百円から4〜5千円だが、

これが1万円を超えた時点で「桁違い」ということになる。

それであなたが心の底から納得できるならいいが、そうでない場合は絶縁すべきだ。

最近流行りの「お手軽に」「○○するだけ」「努力不要」という勉強法は、大半が嘘だ。

そして、それらの目利きも含めて、すべてがあなたの勉強なのだ。

ニセモノの先生に当たり、授業料で損をする。これもまた一つの「勉強」。

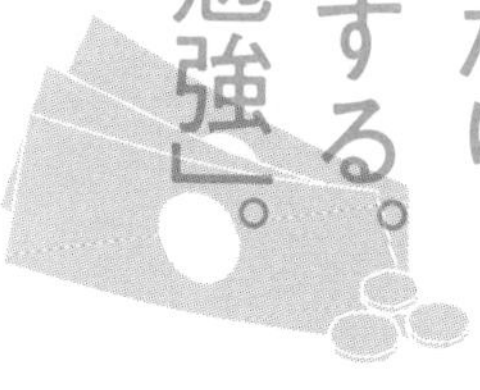

55 周囲にヤイヤイ言われても、「将来の大物が修行中なのだから黙っていろ」と考える。

あなたが自分の格を上げようと、勉強と環境にお金を使い続けていると、必ずあなたの周囲はヤイヤイ言ってくる。

これは私が同じ目に遭ったのだから間違いない。

「勉強ばかりしていちゃ、人間の幅が広がらないよ」

「仕事の環境なんてどこでも同じ。要は自分のやる気の問題だよ」

といった説教は、それこそ耳にタコができるくらいに聞かされ続けた。

そのたびに私は「将来の大物が修行中なのだから黙っていろ」と考え、

それらすべてを雑音として聞き流してきた。
そして頑張ってお金を稼いで、
そうした人間と一切関わらなくて済む環境を手に入れた。
ありのままの現実を述べると、そうやって説教をしてきた人たちは、
相変わらずうだつの上がらない人生を送っている。
偶然見かけても、気まずそうに目を逸らして、背中を丸めてそそくさと逃げる。
より正確には、当初よりもさらに落ちぶれてしまった人のほうが圧倒的に多い。
率直に申し上げて、私はもはや彼らとは同じ空間で呼吸することはないと思う。

以上が私の経験してきたありのままの事実である。
翻って、あなたはどうだろうか。
周囲の雑音に対して、いちいち過剰な反応をしていないだろうか。
あなたの周囲はそうやって過剰な反応をするあなたを見て、楽しんでいるのだ。
胸に手を当ててみれば、あなたも周囲で努力して頑張っている人に対して、

ヤイヤイ言いたくなる衝動に駆られたことがあるのではないだろうか。
それは人間の本能だから、ゼロにはならないのだ。
なぜなら人は長期間にわたる努力をして自分の格を上げるよりも、
身近で努力している人の格が上がらないように足を引っ張るほうが楽だからである。

こういう人間の卑しい心理を、あらかじめ知っておきさえすれば、
周囲の雑音が気にならなくなるのではないだろうか。

周囲がヤイヤイ言うのは、
頑張っているあなたが身近にいると怖いからである。
周囲がヤイヤイ言うのは、
頑張っているあなたが身近にいると目障りだからである。

それを踏まえた上であなたが頭角を現してくると、
周囲の連中は「別格」と認めてもう近づいてこなくなるし、

話しかけてもこなくなる。
これがあなたの人生のステージが変わった瞬間である。
こうした人生のステージをいくつ上げることができるか、
それが人生の醍醐味《だいごみ》なのだ。

周囲の雑音を気にする暇があれば、さっさと成長して上のステージに上がろう。

56

究極のお金の上手な使い方とは、死に際に何も物が残っていないこと。

人として究極に美しいお金の使い方は、死んだ瞬間にゼロになることだと私は思う。

死に際に何も物が残っていない状態こそが、最も美しい人生なのだ。

もちろんこれは究極の理想であって、現実にはそんなことはあり得ないだろう。

特に功成り名遂げた人は、それなりの資産や一流品を遺すことが多い。

しかしそれらの資産は、削りに削っても遺ってしまったものであり、99％以上のものは、生前に綺麗に処分していた成功者も多いのだ。

私はそんな話を聞くたび、
そうして整理を敢行した成功者の死に際は本当に美しいと思った。
彼らは40代を境に物を減らし始めており、人にあげたり、寄付したり、
売却するなどどんどん処分していた。
その代わり形のない勉強や体験に対して、お金を無制限に使っていた。
ある時期は、1年の大半を豪華客船で過ごして世界の富裕層と知恵を分かち合い、
ある時期は、当代随一の先生を家庭教師に雇って習い事をする、というように。

本書でも繰り返し述べてきたように、
形のないものにいかにお金を使えるかが、その人の知性なのだ。
知性がなければ、形のないものにどうやってお金を使えばよいかわからないだろう。
つまり、死に際にお金も物も残っていなかったということは、
それだけその人の知性が高かったということなのだ。

驚くべきことに、知性の高い人は物を残さないだけでなく、概してお金も残さない。
自分の葬儀のお金を残すくらいがせいぜいで、相続争いも起こらない。
私の知っているお金持ちには、すべての財産を寄付してしまった人も複数いる。

「人は結局、お金のためではなく、世のため人のために働いているに過ぎない」

私は彼らの生き様から、この事実を教わった。
自分で働いたお金は自分のものだと思うかもしれないが、そんなことはない。
どんなに莫大な資産を遺しても、
何代かすればすべて税金として世の中に還元される。
社会主義であろうが、資本主義であろうが、本質は何も変わらない。

私はこれまで240冊以上の本を世に出してきたが、

これも最後は世の中に還元される。
著作権には保護期間というものがあって、
「著作者が著作物を創作した時点から著作者の死後70年まで」と定められており、
最終的には世の中にすべて還元されるのだ。
これは本当に素晴らしい、自然の摂理だと思う。

人生の最期にお金は意味を失う。生きているうちに、お金を大切に使い切ろう。

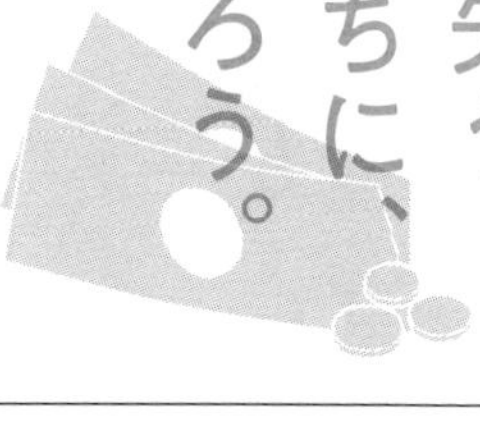

57 継続させるためにも、やめるためにも、お金を惜しまない。

何においても「継続させること」は大切だ。

これには誰もが気づいているだろう。

たとえば、お稽古事や勉強は、継続してこそ効果が出るものであり、だからこそ免状や資格を得ることは評価の対象となり得る。

とにかく、人間というのは継続することがとても苦手な生き物だから、それができた人は尊敬されるというわけだ。

もちろん、こうして何かを継続させるためにはお金を惜しむべきではない。

以上を踏まえ、私からあなたに伝授したいのは、

「続ける」こと以上に、

「やめる」ためにもお金を惜しんではならない

という知恵だ。

「やめる」ためにお金なんて必要ないだろう、と不思議に思うかもしれない。
だが、たとえば高級賃貸マンションに住んでいる場合はどうだろう。
「これは失敗だな」と薄々気づいたとしても、
契約期間が満了していないうちに解約すれば、そこで違約金が発生してしまう。
だから、解約に踏み切ることができず、
ダラダラと我慢しながら住み続ける人が多いのだが、これは良くない。
いくら損をしたとしても、スパッと解約すべきである。

「そんなのもったいない！」

と異論を唱える人もいるかもしれない。

しかし、あなたがジェフ・ベゾスやイーロン・マスクのような、大富豪だったらどうだろう。「もったいない」などの価値観は超越して、ゼロ秒で解約するはずだ。

そうしないのは、自分の経済力が未熟だからに過ぎない。

高級賃貸マンションに限らず、すべてにおいてこれは当てはまる。

実は、私自身も根が倹約家だったため、もともと「やめる」ことにかなり躊躇することがあったが、ある日を境に潔くやめられるようになった。

それは経営コンサルタント時代に、投資関連の仕事を手伝った際のことだ。

それまでの私は、投資には無関心かつ無知だったのだが、
「損切り」の事例を多く知ることにより（読書を通して知識としては知っていた）、
こうした行為の本来の価値を初めて理解した。
損切りとは、損失をそれ以上大きく出さないために、
できる限り小さな損で逃げ切る行為である。
統計データを徹底的に分析したところ、
結局、長い目で見ると、
損切りを潔く実行できた人たちが勝者となっており、
できなかった人たちが敗者となっていたのだ。

そうして少々賢くなった私は、
人生全般においてガンガン損切りをするようにしたところ、
その効果は絶大だった。

数千円や数万円の損切りが数十万円や数百万円の得になる

ということは珍しくも何ともなく、嘘偽りなく、それが現実になっていくのだ。

こうしたお金の使い方にも価値があるのだということは、あなた自身がいずれ、実際に体験してみればわかることだろう。

「損切り」できる覚悟を持とう。
やめる勇気のある者だけが
真の成功を手に入れる。

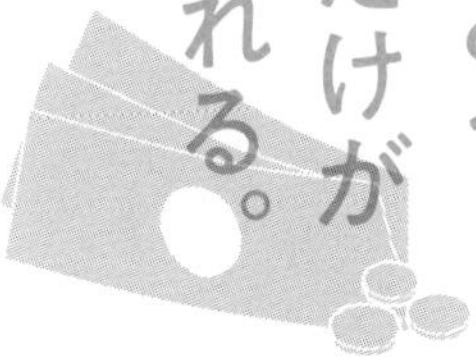

最期は潔く、
全部還そう。

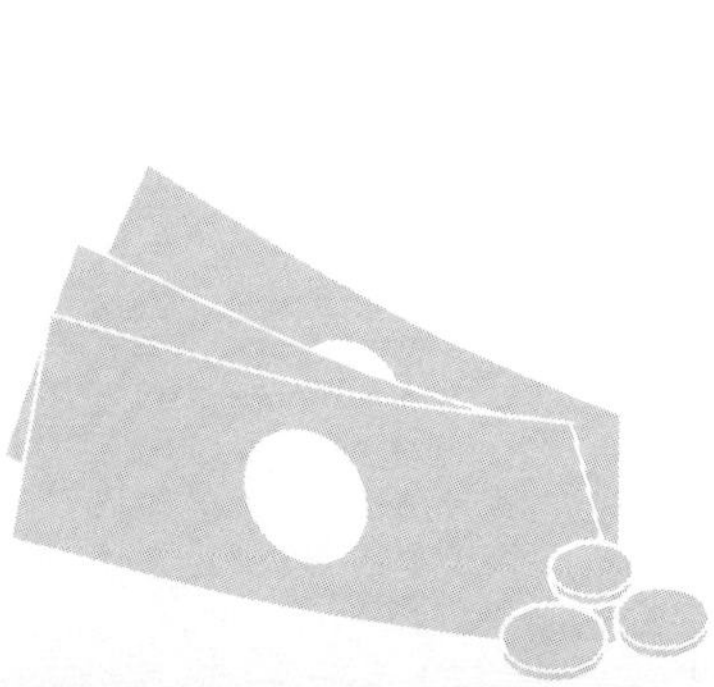

千田琢哉著作リスト（2023年4月現在）

<アイバス出版>
『一生トップで駆け抜けつづけるために20代で身につけたい勉強の技法』

『一生イノベーションを起こしつづけるビジネスパーソンになるために20代で身につけたい読書の技法』

『1日に10冊の本を読み3日で1冊の本を書く　ボクのインプット&アウトプット法』

『お金の9割は意欲とセンスだ』

<あさ出版>
『この悲惨な世の中でくじけないために20代で大切にしたい80のこと』

『30代で逆転する人、失速する人』

『君にはもうそんなことをしている時間は残されていない』

『あの人と一緒にいられる時間はもうそんなに長くない』

『印税で1億円稼ぐ』

『年収1000万円に届く人、届かない人、超える人』

『いつだってマンガが人生の教科書だった』

『君が思うより人生は短い』

<朝日新聞出版>
『人生は「童話」に学べ』

<海竜社>
『本音でシンプルに生きる!』

『誰よりもたくさん挑み、誰よりもたくさん負けろ!』

『一流の人生 － 人間性は仕事で磨け!』

『大好きなことで、食べていく方法を教えよう。』

<Gakken>
『たった2分で凹みから立ち直る本』

『たった2分で、決断できる。』

『たった2分で、やる気を上げる本。』

『たった2分で、道は開ける。』

『たった2分で、自分を変える本。』

『たった2分で、自分を磨く。』

『たった2分で、夢を叶える本。』

『たった2分で、怒りを乗り越える本。』

『たった2分で、自信を手に入れる本。』

『私たちの人生の目的は終わりなき成長である』

『たった2分で、勇気を取り戻す本。』

『今日が、人生最後の日だったら。』

『たった2分で、自分を超える本。』

『現状を破壊するには、「ぬるま湯」を飛び出さなければならない。』

『人生の勝負は、朝で決まる。』

『集中力を磨くと、人生に何が起こるのか？』

『大切なことは、「好き嫌い」で決めろ!』

『20代で身につけるべき「本当の教養」を教えよう。』

『残業ゼロで年収を上げたければ、まず「住むところ」を変えろ!』

『20代で知っておくべき「歴史の使い方」を教えよう。』

『「仕事が速い」から早く帰れるのではない。「早く帰る」から仕事が速くなるのだ。』

『20代で人生が開ける「最高の語彙力」を教えよう。』

『成功者を奮い立たせた本気の言葉』

『生き残るための、独学。』

『人生を変える、お金の使い方。』

『「無敵」のメンタル』

『根拠なき自信があふれ出す!「自己肯定感」が上がる100の言葉』

『いつまでも変われないのは、あなたが自分の「無知」を認めないからだ。』

『人生を切り拓く100の習慣』

【マンガ版】『人生の勝負は、朝で決まる。』

『どんな時代にも通用する「本物の努力」を教えよう。』

『「勉強」を「お金」に変える最強の法則50』

『決定版 人生を変える、お金の使い方。』

<KADOKAWA>
『君の眠れる才能を呼び覚ます50の習慣』

『戦う君と読む33の言葉』

<かや書房>
『人生を大きく切り拓くチャンスに気がつく生き方』

『成功者は「今を生きる思考」をマスターしている』

<かんき出版>
『死ぬまで仕事に困らないために20代で出逢っておきたい100の言葉』

『人生を最高に楽しむために20代で使ってはいけない100の言葉』

『20代で群れから抜け出すために顰蹙を買っても口にしておきたい100の言葉』

『20代の心構えが奇跡を生む【CD付き】』

<きこ書房>
『20代で伸びる人、沈む人』

『伸びる30代は、20代の頃より叱られる』

『仕事で悩んでいるあなたへ　経営コンサルタントから50の回答』

<技術評論社>
『顧客が倍増する魔法のハガキ術』

<KKベストセラーズ>
『20代　仕事に躓いた時に読む本』

『チャンスを掴める人はここが違う』

<廣済堂出版>
『はじめて部下ができたときに読む本』

『「今」を変えるためにできること』

『「特別な人」と出逢うために』

『「不自由」からの脱出』

『もし君が、そのことについて悩んでいるのなら』

『その「ひと言」は、言ってはいけない』

『稼ぐ男の身のまわり』

『「振り回されない」ための60の方法』

『お金の法則』

『成功する人は、なぜ「自分が好き」なのか?』

<実務教育出版>
『ヒツジで終わる習慣、ライオンに変わる決断』

<秀和システム>
『将来の希望ゼロでもチカラがみなぎってくる63の気づき』

<祥伝社>
『「自分の名前」で勝負する方法を教えよう。』

<新日本保険新聞社>
『勝つ保険代理店は、ここが違う!』

『友だちをつくるな』
『バカなのにできるやつ、賢いのにできないやつ』
『持たないヤツほど、成功する!』
『その他大勢から抜け出し、超一流になるために知っておくべきこと』
『図解「好きなこと」で夢をかなえる』
『仕事力をグーンと伸ばす20代の教科書』
『君のスキルは、お金になる』
『もう一度、仕事で会いたくなる人。』
『好きなことだけして生きていけ』

<藤田聖人>

『学校は負けに行く場所。』
『偏差値30からの企画塾』
『「このまま人生終わっちゃうの?」と諦めかけた時に向き合う本。』

<マガジンハウス>

『心を動かす 無敵の文章術』

<マネジメント社>

『継続的に売れるセールスパーソンの行動特性88』
『存続社長と潰す社長』
『尊敬される保険代理店』

<三笠書房>

『「大学時代」自分のために絶対やっておきたいこと』
『人は、恋愛でこそ磨かれる』
『仕事は好かれた分だけ、お金になる。』
『1万人との対話でわかった 人生が変わる100の口ぐせ』
『30歳になるまでに、「いい人」をやめなさい!』

<リベラル社>

『人生の9割は出逢いで決まる』
『「すぐやる」力で差をつけろ』

<すばる舎>
『今から、ふたりで「5年後のキミ」について話をしよう。』

『「どうせ変われない」とあなたが思うのは、「ありのままの自分」を受け容れたくないからだ』
<星海社>
『「やめること」からはじめなさい』
『「あたりまえ」からはじめなさい』
『「デキるふり」からはじめなさい』
<青春出版社>
『どこでも生きていける 100年つづく仕事の習慣』
『「今いる場所」で最高の成果が上げられる100の言葉』
『本気で勝ちたい人は やってはいけない』
『僕はこうして運を磨いてきた』
『「独学」で人生を変えた僕がいまの君に伝えたいこと』
<清談社Publico>
『一流の人が、他人の見ていない時にやっていること。』
『一流の人だけが知っている、他人には絶対に教えない この世界のルール。』
<総合法令出版>
『20代のうちに知っておきたい お金のルール38』
『筋トレをする人は、なぜ、仕事で結果を出せるのか?』
『お金を稼ぐ人は、なぜ、筋トレをしているのか？』
『さあ、最高の旅に出かけよう』
『超一流は、なぜ、デスクがキレイなのか?』
『超一流は、なぜ、食事にこだわるのか？』
『超一流の謝り方』
『自分を変える 睡眠のルール』
『ムダの片づけ方』
『どんな問題も解決する すごい質問』
『成功する人は、なぜ、墓参りを欠かさないのか？』
『成功する人は、なぜ、占いをするのか？』
『超一流は、なぜ、靴磨きを欠かさないのか?』
『超一流の「数字」の使い方』
<SBクリエイティブ>
『人生でいちばん差がつく20代に気づいておきたいたった1つのこと』
『本物の自信を手に入れるシンプルな生き方を教えよう。』
<ダイヤモンド社>
『出世の教科書』
<大和書房>
『20代のうちに会っておくべき35人のひと』
『30代で頭角を現す69の習慣』
『やめた人から成功する。』
『孤独になれば、道は拓ける。』
『人生を変える時間術』
『極 突破力』
<宝島社>
『死ぬまで悔いのない生き方をする45の言葉』
【共著】『20代でやっておきたい50の習慣』
『結局、仕事は気くばり』
『仕事がつらい時 元気になれる100の言葉』
『本を読んだ人だけがどんな時代も生き抜くことができる』
『本を読んだ人だけがどんな時代も稼ぐことができる』
『1秒で差がつく仕事の心得』
『仕事で「もうダメだ!」と思ったら最後に読む本』
<ディスカヴァー・トゥエンティワン>
『転職1年目の仕事術』
<徳間書店>
『一度、手に入れたら一生モノの幸運をつかむ50の習慣』
『想いがかなう、話し方』
『君は、奇跡を起こす準備ができているか。』
『非常識な休日が、人生を決める。』
『超一流のマインドフルネス』
『5秒ルール』
『人生を変えるアウトプット術』
『死ぬまでお金に困らない力が身につく25の稼ぐ本』
『世界に何が起こっても自分を生ききる25の決断本』
『10代で知っておきたい 本当に「頭が良くなる」ためにやるべきこと』
<永岡書店>
『就活で君を光らせる84の言葉』
<ナナ・コーポレート・コミュニケーション>
『15歳からはじめる成功哲学』
<日本実業出版社>
『「あなたから保険に入りたい」とお客様が殺到する保険代理店』
『社長! この「直言」が聴けますか？』
『こんなコンサルタントが会社をダメにする!』
『20代の勉強力で人生の伸びしろは決まる』
『ギリギリまで動けない君の背中を押す言葉』
『あなたが落ちぶれたとき手を差しのべてくれる人は、友人ではない。』
『新版 人生で大切なことは、すべて「書店」で買える。』
<日本文芸社>
『何となく20代を過ごしてしまった人が30代で変わるための100の言葉』
<ぱる出版>
『学校で教わらなかった20代の辞書』
『教科書に載っていなかった20代の哲学』
『30代から輝きたい人が、20代で身につけておきたい「大人の流儀」』
『不器用でも愛される「自分ブランド」を磨く50の言葉』
『人生って、それに早く気づいた者勝ちなんだ!』
『挫折を乗り越えた人だけが口癖にする言葉』
『常識を破る勇気が道をひらく』
『読書をお金に換える技術』
『人生って、早く夢中になった者勝ちなんだ!』
『人生を愉快にする! 超・ロジカル思考』
『こんな大人になりたい!』
『器の大きい人は、人の見ていない時に真価を発揮する。』
<PHP研究所>
『「その他大勢のダメ社員」にならないために20代で知っておきたい100の言葉』
『お金と人を引き寄せる50の法則』
『人と比べないで生きていけ』
『たった1人との出逢いで人生が変わる人、10000人と出逢っても何も起きない人』

著者紹介

千田琢哉（せんだ　たくや）

愛知県生まれ。岐阜県各務原市育ち。文筆家。東北大学教育学部教育学科卒。

日系損害保険会社本部、大手経営コンサルティング会社勤務を経て独立。コンサルティング会社では多くの業種業界におけるプロジェクトリーダーとして戦略策定からその実行支援に至るまで陣頭指揮を執る。

のべ3,300人のエグゼクティブと10,000人を超えるビジネスパーソンたちとの対話によって得た事実とそこで培った知恵を活かし、“タブーへの挑戦で、次代を創る”を自らのミッションとして執筆活動を行っている。著書累計は350万部を超える(2023年4月現在)。

音声ダウンロードサービス「真夜中の雑談」、完全書き下ろしPDFダウンロードサービス「千田琢哉レポート」も好評を博している。

決定版 人生を変える、お金の使い方。

2023年4月4日　第1刷発行

著　者 —— 千田琢哉
発行人 —— 土屋　徹
編集人 —— 滝口勝弘
編集長 —— 倉上　実
発行所 —— 株式会社Gakken
〒141-8416　東京都品川区西五反田2-11-8
印刷所 —— 中央精版印刷株式会社

この本に関する各種お問い合わせ先
本の内容については、下記サイトのお問い合わせフォームよりお願いします。
https://www.corp-gakken.co.jp/contact/
在庫については　Tel 03-6431-1201（販売部）
不良品（落丁、乱丁）については　Tel 0570-000577
学研業務センター　〒354-0045 埼玉県入間郡三芳町上富279-1
上記以外のお問い合わせは　Tel 0570-056-710（学研グループ総合案内）